尋找台灣紅

凝聚台灣的艷光

尋找台灣紅引起許多共鳴，[illegible]或是背著台灣人的一生，是經年累月成形於自然生態的演變，或是提煉自生生不息的原民文化，台灣的艷光因此與日俱增。

◎陳郁秀
（[illegible]）

台灣的特色何其多也，除了山川雄奇、人文生動，無論具象或抽象的文化資產都非常豐富。如果要從各種繽紛的色彩中選一個作為介紹台灣的指標，我們的選擇又何其之多！

如同紅白藍三色之於法國的象徵意義，我們也試著找出具有指標意義的色彩，加以發揮台灣的艷光；「她」要能結合傳統與現代、引起國人情感的共鳴、吸引國內外人士的目光……，當然還要代表台灣出現在國際社會上。於是，「尋找台灣紅」的機緣因應而生。

傳統上，年節慶典是台灣民間最重要、也最值得期待的活動，形成台灣文化特色的一環，或許正是因為慶典上常見紅龜粿、壽桃等供品，乃至賀新婚的喜幛、嬰兒彌月必備的紅蛋，都一再出現這款幸福得耀眼的桃紅，一提起桃紅色印象，立刻勾起許多人的回憶，桃紅色因此自繽紛的色彩中脫穎而出，成為本計畫的代表色。

早在二○○三年推動文化創意產業之始，文建會即不斷嘗試以最簡單的概念，描繪出清晰的台灣形象，作為介紹台灣的指標。正巧為赴丹麥與英國考察，在準備出訪的資料時，特別選用了象徵喜氣、青春與生命力，同時充滿台灣民間風情的桃紅色為資料的套封包裝，無非是為了讓國際友人耳目一新，由於此舉大受歡迎，強化了尋找台灣紅概念。

以色彩來展現台灣之美的創意雖不是空前，桃紅色的脫穎而出卻別具巧思，透過許多文化創意工作者、設計家、藝術家、作家、企業家之眼、之手，凝聚出這片台灣特有的艷光，可貴的是他們的創意不是憑空而生，而是一直保有一顆敏感的心，從日常生活的體驗，擷取自生命的感動。

桃紅色正好也是我最喜歡的顏色之一，對我而言這個美麗的顏色是一種家的感覺。從襁褓時期一直有件陪伴著我長大的桃紅色毛衣，可以說是我對色彩的啓蒙。聽母親提起，那是慶祝我彌月親友送來的桃紅色毛線，母親再親手為我織成毛衣，隨著我的成長，母親一路拆拆補補又添上新線，在那個尙儉的時代，母親還發揮巧

陳慧坤作品「鳩」（局部）　膠彩　1950
（提供／藝術家出版社）

盧修一作詞的《櫻花夢》是情歌，也是與大自然的親密對話。
（提供／白鷺鷥文教基金會）

思，以原有的桃紅毛線爲襯，搭配藍毛線加大尺寸，那樣別緻的衣服唯我獨有，穿在身上自然覺得得意，回想起來，這份桃紅色的幸福，竟是形成我審美概念的伊始。

後來我全心投入音樂的世界，在學習的過程中，也感受到色彩力量的無遠弗屆，原來音樂可以與色彩完美地融合爲一。記得法國樂曲老師梅香有次要我們想像每個音符代表的色彩，有趣的是，同一個音符給每個人的感受大不相同，或許是受到文化背景、個人經驗的影響，但五線譜上跳躍的音符有了色彩的點綴更憑添無限想像。

藝術的感動卻是跨民族、跨文化的，從音符放大至整首樂曲，十九世紀末、二十世紀初法國重要的作曲家Gabriel Faure的作品，總讓我腦海裡浮現我心目中的台灣紅印象。Gabriel Faure曾經寫作了大量的鋼琴作品，包括夜曲、船歌、前奏曲、即興曲等，尤以船歌最引人遐想。

音樂無須畫筆即能創造繽紛，更遑論以色彩爲工具的美術創作。由於父親陳慧坤是畫家的緣故，讓我很早即受到美術的薰陶，看著父親的畫作中經常可見的朵朵桃紅，或作爲主角，或是烘托配色，都讓我驚喜不已。父親並不是將台灣紅印象入畫的特例。瀏覽台灣美術史，不難發現許多前輩畫家的創作中都有此艷色，如顏水龍的原住民畫像、蘭嶼風景等系列創作，或是素人畫家洪通筆下的台灣鄉土風情等。在在印證著台灣紅的文化魅力，是不分地域、不分族群的。

追蹤桃紅色的人文意義，從自然界的觀察或許更容易探源。無論是藝術家或尋常百姓，都與身處的自然環境密不可分，耳濡目染後，心有所感，成爲創造生活文化的靈感。以我所居住的櫻花山莊爲例，由於位處陽明後山，平常沒有太多遊客，景致得以一覽無遺，每當櫻花怒放，我就覺得人間仙境莫過於此。飄落在山間池塘的櫻花，又呈現出另一番美景，彷彿一缸染紅的酒糟，令人心醉。

有如此動人的美景，靈感似乎也隨手可得了。外子盧修一就曾信

「台灣紅」系列文化創意產品。（提供／文建會）

「台灣紅」文化創意產品系列圖案之一。（提供／文建會）

手拈來一首《櫻花夢》：「昨夜月昇映山巒，微風細雨春意濃，今朝枝頭櫻花紅，落櫻繽紛醉色容。遠眺淡水雲霧重，霧中伊人何處逢，賞櫻最重伊人同，我心深處愁意濃。」是情歌也是與大自然的親密對話。

尋找台灣紅引起許多共鳴，讓我更肯定台灣人的美學，是經年累月成形於自然生態的觀察，或是提煉自生生不息的常民文化，台灣的艷光因此與日俱增。我希望透過尋找台灣紅的概念，讓民衆能更有自信欣賞近在身邊的人與土地之美，培養細膩的眼耳口鼻感受力，因爲唯有用心生活，認眞體驗人生，才能活出自信與快樂。

回頭來看台灣紅概念的誕生，其實是個相當美妙的偶然，因爲這不僅是個重新體驗台灣人文與自然之美的機緣，對我而言，推廣尋找台灣紅的過程也是一種神聖的探訪與蒐奇，即時爲台灣文化拾回了各種珍寶。

文化創意產業的發展也是如此，不只需要扎實的文化內涵，更需要不斷注入創意的因子，才能開展傳統文化的現代新風貌。尋找台灣紅與文化創意產業的精神是一脈相承的，希望藉由本活動所呈現的人文面向與自然特色，再次喚起民衆對文化資產的重視，同時在重新發現台灣之美的過程中，重建鄉土美學的自信，繼而凝聚更豐富的文化資產，帶動文化創意產業的發展。

「尋找台灣紅」特別選在春節前夕出版，藉此與大家分享喜氣，共同迎接新年新希望。

目錄

序

2 凝聚台灣的艷光 ⋯⋯⋯⋯⊙陳郁秀（行政院文建會主委）

人文篇

12 設計師的台灣紅印象⋯⋯⋯⋯⊙陳俊良（自由落體設計公司總經理）
16 藝術家筆下的台灣紅⋯⋯⋯⋯⊙何政廣（藝術家雜誌發行人）
20 紅色時尚美學⋯⋯⋯⋯⊙李國祥（台灣資生堂股份有限公司董事長）
24 這款桃紅 Made in Taiwan⋯⋯⋯⋯⊙陳美楓（遠東集團全家福設計中心總監）
28 彩虹橋傳說⋯⋯⋯⋯⊙尤馬・達陸（泰雅族文化工作者）
32 胭脂紅⋯⋯⋯⋯⊙黃志農（民俗文物專家）
36 阿嬤的紅色滋味⋯⋯⋯⋯⊙韓良露（作家）
38 兒時記憶的紅⋯⋯⋯⋯⊙謝春德（攝影家）
42 桃花紅紅，我的青春夢⋯⋯⋯⋯⊙鄧志浩（音樂製作人）
46 文人畫裡的台灣紅⋯⋯⋯⋯⊙李螢儒（畫家）
50 紅瓦綠籬之美⋯⋯⋯⋯⊙賴志彰（輔仁大學應用美術系副教授）
54 鄉野一點紅⋯⋯⋯⋯⊙謝禮仲（資深旅遊記者）
58 鐵道喜相逢⋯⋯⋯⋯⊙洪致文（鐵道作家）
62 鏡頭中的紅觀視界⋯⋯⋯⋯⊙鐘永和（攝影家）
66 奼紫嫣紅由心定⋯⋯⋯⋯⊙邱天元（台灣愛普生科技總經理室幕僚長）

自然篇

70 桃紅一年又逢春⋯⋯⋯⋯⊙劉克襄（自然作家）
74 緋紅色貴族⋯⋯⋯⋯⊙陳應欽（自然作家）
78 自然界的桃紅拼盤⋯⋯⋯⋯⊙范欽慧（生態教育作家）
82 海濱紅花毯⋯⋯⋯⋯⊙鄭元春（國立台灣博物館植物學組組長）
⊙許毓純（國立台灣博物館植物學組研究助理）
86 咬一口紅⋯⋯⋯⋯⊙凌拂（植物作家）
88 紅色小精靈⋯⋯⋯⋯⊙張和明（師大生命科學系博士班研究生）
92 多采多姿的野生菇⋯⋯⋯⋯⊙陳啓楨（南台科技大學生物技術系教授）
96 山林野蘭⋯⋯⋯⋯⊙林維明（蘭科植物作家）
100 招搖的漂亮寶貝⋯⋯⋯⋯⊙張永仁（生態攝影作家）
104 紅紅果實掛枝頭⋯⋯⋯⋯⊙簡錦玲（自然作家）
108 紅葉變裝秀⋯⋯⋯⋯⊙陳信佑（林務局保育科技士）
112 霜葉紅於二月花⋯⋯⋯⋯⊙游丕若（生態攝影作家）
116 水澤紅色倩影⋯⋯⋯⋯⊙林春吉（水生植物作家）
120 都市化妝師⋯⋯⋯⋯⊙游富永（台中縣社區大學講師）
124 紅運盆栽系列⋯⋯⋯⋯⊙陳坤燦（台北市錫瑠環境綠化基金會助理技師）

人文篇

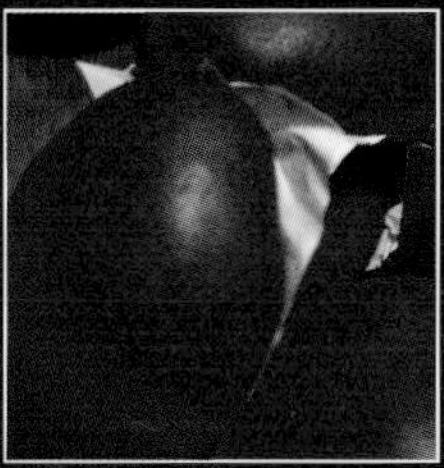

尋找台灣紅

人文篇

當走過更多的國家，就更清楚一個設計師的天職，絕不只是把作品做好而已，更重要的是要把自己文化的特色與精神推向國際舞台；因為沒有文化特色的作品，有時眞的像沒有靈魂似的。

在台灣有很多設計師找不到定位，其實最棒的設計風格，不就是發揮我們特有的文化資源嗎？可惜的是，大部分本土設計師雖然在這塊土地上成長，所接受的養成教育與美學價值卻是西化的，耳濡目染之下，很自然一味追求西方或日本設計師的風格，很少想到還可以回頭來咀嚼深藏在本土文化裡的養分。學習別人的表面可能永遠只能當第二，發現並深耕自己的文化才能有機會變成第一。

從最直接反映一國一地文化感情的色彩說起，如果創作能抽離到只使用少數色彩來代表現代東方，一般人會覺得「紅色」非常具有代表性，但什麼顏色能代表台灣呢？不該是我們常見到的金紅色，那種紅色泛括了亞洲的總合印象……，設計師應該還可以找到更精準的特色才對！翻著色票思考這個問題，「印刷油墨中的紅100%加上黃10%」似乎給了我答案，這個色彩既懷舊又時髦，箇中奧妙就看創作者使用的比例了。

就單純紅色的微妙差異，已足以產生各種不同的意義與觀想。閉上眼睛，翻騰在腦海裡的紅大概就有百餘個形容詞，或許是亙古以來的慣性思維，或許是受到老祖先匯聚的人文智慧所影響，「紅」已經深入刻劃出東方精神。身為一個從事視覺傳達的設計師，對顏色當然有高度的敏感，很自然解讀出不同成份的紅，有著不同的情緒；不同質感的紅，有著不同的趣味；不一樣的紅，有著不

2003年台灣海報設計協會的「向羅克列特致敬海報邀請展」，陳俊良運用「台灣紅」當成海報的主印象色彩。（提供／自由落體設計）

同的個性；透過這些差異性，咀嚼著人生百味。因此釐清這些深淺、濃淡不一各色的紅既是對創意構成的切換，也是執行與挑戰的決擇。

「紅」這個顏色，從東方人的觀點來詮釋就有中國紅、海棠紅、貴妃紅、牡丹紅、朱砂紅、東方紅、印度紅、珊瑚紅、胭脂紅、素心紅、朱槿紅、桃花紅、石榴紅、寶石紅、玫瑰紅、薔薇紅、鶴頂紅、美人紅、檜木紅、豆沙紅、朱雀紅、蘋果紅、櫻桃紅、釉裏紅、夕陽紅、瑪瑙紅、雞冠紅、太陽紅、血玉紅、瓜瓤紅、辣椒紅、菱角紅、火石紅、火焰紅、鴨血紅、豬肝紅、牛血紅、朱紅、楓紅、嫣紅、殷紅、丹紅、姬紅、杏紅、柿紅、緋紅、棗紅、唇紅、酒紅、磚紅、赭紅、金紅、胭紅、橘紅、銅紅、祭紅、火紅、霞紅、蕉紅、猩紅、梅紅、正紅、橙紅、紫紅、粉紅、藕紅、肉紅、大紅、深紅、老紅、西紅、桔紅、退紅、熟紅、品紅、鐵紅、棕紅、暗紅、荔紅、黑紅、褐紅、茄紅、茶紅、艷紅、洋紅……近百種之多。

紅色的象徵也非常多元性，如代表著真摯，成熟與勇氣，代表著喜慶、生命力、能量、自信、溫暖，富貴、吉利、熱愛與赤誠……，直可說是感情最豐富的色彩。

今年的平面設計界盛會--台灣海報設計協會「向羅克列特致敬海報邀請展」，我就運用「台灣紅」的概念，以上述的顏色當成海報的主印象色彩。要向西方的海報設計大師致敬的邀展海報，卻選擇十足表現台灣特質的色彩呈現，是出自「向先輩致意，要拿出自己最有特色的文化」的創作本質精神，也是堅持「設計師該自許成爲一位文化生活的實踐者，作自己文化的主人」的理念。

一般人接觸「台灣紅」這樣的色彩時，直覺反應或許會認爲她是復古、俗豔的，但是如果改變色彩的比例、重組創作，加上巧妙

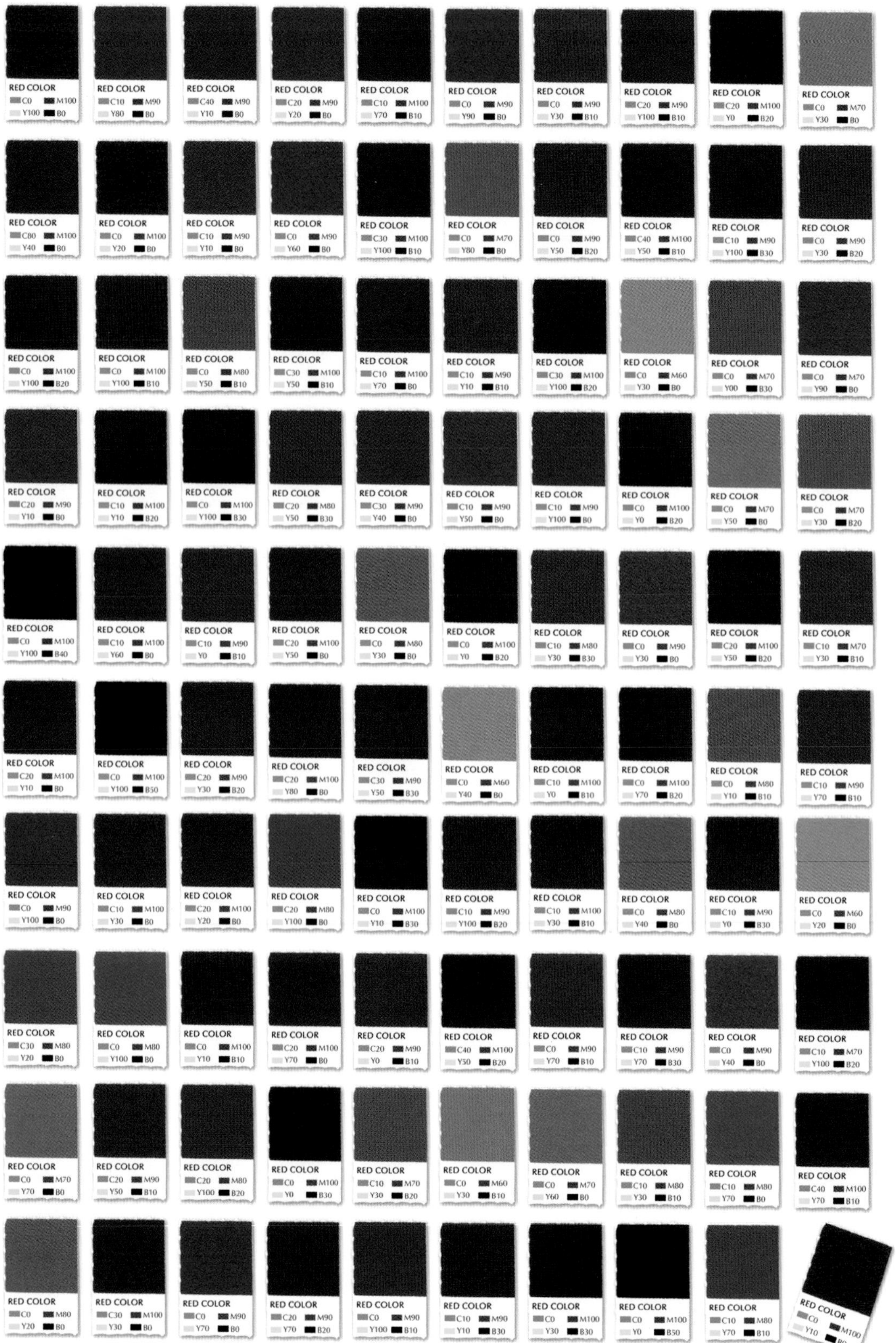

從不一樣的紅裡，解讀出個性，透過這些差異性，咀嚼出人生百味。（提供／自由落體設計）

的佈局，或許也就改變了她給人的印象；如果轉換爲立體造型，也可以產生時尚與獨特感。

大多數的設計師只是優質創意作品的使用者，其實設計師也該自許成爲一位文化的實踐者、創造者、甚至是神奇的魔術師。我認爲這動人的色彩，值得被用心考慮，運用在更多文化特色產品上，特別是台灣人已經有好長一段時間忽略自己的特色。

因此，所謂「台灣紅」不只是發現、肯定「台灣紅」的審美文化或精神象徵而已，而是成爲一種精神的指標，讓台灣的文化多一點喜樂，少一點紛爭；讓共同生活在這塊土地的我們，有更多色彩的語彙，從美好的印象中創造自己的文化價値，造就更豐富的「台灣特色」。（整理／商耀元）

純眞與美好的象徵

五年級以上的人還記得紅龜粿、壽桃、紅蛋的滋味吧，那扎扎實實的口感，還有染在手上的桃紅色，這個出自「紅番米」的吉祥色，無疑是台灣人最原始、純樸的色彩記憶之一，她還出現在早期嫁妝不可或缺的紅花被單、鴛鴦枕頭乃至紅標米酒的標頭上，總結爲喜慶富足的印象，代表著活力、希望與歡樂等美好的特質，稱之爲「台灣紅」應該當之無愧吧。

設計師尋找各種「台灣紅」。左圖為游明龍作品「籤」（提供／游明龍），右圖為柯鴻圖作品「台灣廟會」。（提供／柯鴻圖）

尋找台灣紅

人文篇

[illegible]

[illegible]

世界上每個國家都有自己專屬的顏色，如法國航空的藍色標誌，很容易就讓人聯想到追求獨立、自由、平等、博愛的法國。回頭來看台灣，其實在民間生活中已經自然形成特有的色彩，只是在過去很少人觸及這個議題，也不知道什麼顏色可以代表台灣，向世界放異彩。

實際上，仔細觀察台灣的生活環境，不難發現在我們生活的週遭，一直存在著一種清新脫俗的顏色，她或藏身在自然山水花鳥之中，或點綴著我們的服飾、建築彩繪、喜慶用物……，象徵著喜悅、渲染愛情的美好或化身爲對青春的無限讚嘆，這個討人歡心的顏色就是「桃紅色」，也是在繽紛的色彩中，最足以代表台灣的顏色。

正因爲桃紅色從過去到現在，始終存在於我們的生活之中，造就台灣與其他民族在文化上的區隔。例如與台灣相距一海之遙的南美洲，當地的原著民族是古印加文化的後裔，也出現不少桃紅色系的文化產物，只是顏色偏紫、偏深，或許是因爲當地地勢高聳、氣候嚴寒，相較於台灣亞熱帶氣候與地理環境，而自然呈現不同的文化特色。

如果從色彩學上來探討桃紅色所傳達的情感意涵，無論是飽滿或清淡的桃紅，看起來都乾乾淨淨，給人清純明朗的感覺。事實上，一般印刷上經常提到的紅黃藍三原色，其中的紅並不是「正紅色」，而較接近這個可以代表台灣的「桃紅色」。同樣是紅色系，正紅色雖然也傳達喜悅的訊息，卻摻雜了暴力、血腥、戰爭的負面感覺，相較之下，桃紅色比起正紅色更適合作爲台灣的代表色。

當一群人在台灣這塊土地上生活久了，對

林明弘作品「地板畫」以桃紅色呈現出道地的台灣風味。（攝影／郭東泰）

人文與地理環境，很容易產生共同的記憶與體驗，自然而然生發出屬於台灣的民族色彩，桃紅色即是最貼近台灣生活的代表色。從藝術的層面來看，從日治時代到今天，儘管每個藝術家有不同的風格與表現手法，卻能跨越時間與距離的隔閡，因爲發自內心的眞實需要，不約而同在其創作中大量使用桃紅色彩，即使創作者本身並不自知，冷眼旁觀的藝術欣賞者，只要有心都不難發現這個共同的特質。

以台灣前輩畫家陳進爲例，她是崛起於日治時代轟動一時的「台展三少年」之一，又有「台灣閨秀畫家第一人」之稱，她細膩娟秀的膠彩人物繪畫，即經常運用桃紅色點綴喜慶愉悅的氣氛，也誕生了「新娘」系列等艷驚藝壇的名作。陳進將藝術與生活結合爲一，特別是她早期描寫家族人物、生活情景的作品，不但是台灣上流社會生活的寫實，也是台灣人審美趣味的具體反映，現在看來更是可貴的人文紀錄。

許多畫家都透過繪畫創作，傳達對台灣自然與人文環境的觀察與關懷，也將最眞實的感覺透過畫筆，描繪出眼中的台灣鄉土風貌與民俗特色。以在四川出生、在台灣發現全新生命體驗的畫家席德進來說，他曾經在巴黎停留了很長的時間，接觸到當時盛行的普普藝術風潮，回國後便開始嘗試在創作上結合台灣民間藝術和西方普普藝術，將台灣的生活百態、傳統建築、民俗與民情等，都傳神地呈現在作品中。台灣傳統的民間藝術創作，也因爲發揮普普藝術的精神而注入新的生命力。

呼應這股回歸本土藝術創作的風潮，也大量在畫作中使用桃紅色彩的畫家，還有素人畫家洪通與吳李玉哥等。他們雖然未曾接受過正規的美術教育，卻能無師自通、自成一格，曾經有人讚譽洪通爲台灣「畫壇的神話」，在七○年代是各家媒體爭相報導的對象。吳李玉哥又有祖母畫家之稱，她的繪畫天份到了七十高齡才受到各方矚目，成爲台灣畫壇中少見的傳奇人物。

實際走訪洪通的台南故鄉，觀察畫家身處的環境特色，就不難發現環境對藝術家的影響竟是如此深遠。除了因洪通而遠近馳名的南鯤鯓廟，經常可見大量桃紅色的裝飾，鄰近的鹽田，白日是一片閃亮的雪白，直到黃昏時分，在夕照的暉映下，呈現不可思議的桃紅色，任何人親眼目睹這樣的景致都很難不陶醉其中，更何況是生長、生活於此地，心思較常人細膩、感情更爲豐沛的藝術家？

因此洪通在創作上，也很自然地運用了大量鮮明的桃紅色彩，其多層重複、堆疊的繪畫手法，與民俗藝術極其相似，繪畫主題不論是花草、鄉間兒童嬉戲時的活潑喧鬧，都描繪得淋漓盡致。洪通的畫作足以稱爲「台灣紅」的藝術代表。

吳李玉哥晚年才執起畫筆，她的油畫、水墨畫都充滿了童趣，整體用色溫馨柔和，經常出現了大塊面的桃紅色系。欣賞吳李玉哥的繪畫，不僅能分享她所要傳達的喜悅，也能一窺她夢想中的童話世界。

台灣美術史上熱愛桃紅色的知名的畫家，除了上述的陳進、席德進、洪通、吳李玉哥等人，還有將台灣鄉土情趣入畫的台灣前輩畫家廖繼春等，他的畫作經常以粉紅、粉綠、湛藍等色調突顯對比與協調之美，例如名作「田園」，雖是不很刻意地運用桃紅色，卻形成萬綠叢中一點紅的強烈效果。

在當代藝術家中，也可見到以桃紅色系爲視覺主體的創作，較具代表性者如林明弘。林明弘雖然是以台灣民俗爲主題創作，表現手法卻相當前衛，曾在二〇〇〇年台北美術館展出的雙年展中，將大量桃紅色的被單舖置於整個大廳地板上，呈現充滿桃紅色之美的台灣風貌。

除了藝術創作之外，台灣民間生活中仍處處可見桃紅色的蹤跡。不論是傳統服裝、布袋藝偶臉上的桃紅胭脂、婚慶時盛裝甜茶或紅包的圓盤等喜慶用品，都藉由桃紅色彩渲染生命的喜悅與活力。日治時代台灣建築物的外牆裝飾也出現大量的桃紅色，這些艷麗依舊的台灣彩瓷色，雖然是在日本生產，卻是由台灣畫匠一筆一畫描繪而成的喜福彩瓷。這也是台灣民間建築相較於其他地方建築的重要特色。（整理／林霖瑋）

洪通以大量桃紅色吶喊出生命的悸動。
（提供／藝術家雜誌社）

席德進對台灣民俗充滿熱情時期的作品。
（提供／藝術家雜誌社）

紅色時尚美學

[illegible]

[illegible]

自然界的色彩繽紛炫麗，各自傳遞不同的情感訊息，其中最受台灣女性喜愛，莫過於鮮豔搶眼的紅色系家族。這股紅色風潮表現在時尚彩妝上時，往往意味著相關彩妝商品的暢銷，因而讓敏感度極高的時尚界，提前嗅到了火紅的熱情與需求，於是又催生出更多的紅色創意與衍生性商品，形成一個紅色時尚美學的循環。

龐大的紅色家族，在彩妝的運用上，除了常見的鮮紅、桃紅、粉紅、橘紅等之外，拜現代科技之賜，並因應女性愛美、求變的需求，又衍生出霧光、亮光、珍珠光、金屬光澤等不同的質感，即使是單一色彩也能變化萬千，令人目不暇給。

相對於大紅色所蘊藏的熱情與能量，桃紅色則如一陣早春的微風，如此舒服、柔軟，永遠讓人有時間慢慢沉澱急躁的心情，獲得心靈上的平靜。再與色彩更柔和的粉紅色相較，桃紅色不僅傳遞了同樣的喜悅與青春的訊息，更多了一份沉穩、安定的力量。

從時尚彩妝的角度來觀察，桃紅色似乎是個永不退潮流的色彩。回顧二〇〇三年，戰爭、SARS疫情與經濟景氣動盪，在在衝擊著每個人，在惶惶不安的壓力之下，一股渴望安定與和平的情緒，同時正在緩緩地醞釀，最終凝聚爲一波懷舊復古的風潮，從歐美國家一直襲捲至台灣，於是桃紅色再度當道，成爲春夏流行時尚的主角。

桃紅色風潮再起，也與近年來逐漸明朗的平民貴族化、貴族平民化趨勢有關。在過去那個天下定於一尊的時代，紅色向來被視爲貴族專屬的色彩，也是在金色之外，成爲皇室權貴展現身分地位的象徵色。然而隨著時代潮流的變遷，世襲的皇室貴族紛紛卸下光

資生堂的形象設計，予人火紅、大圓的第一印象。（提供／資生堂）

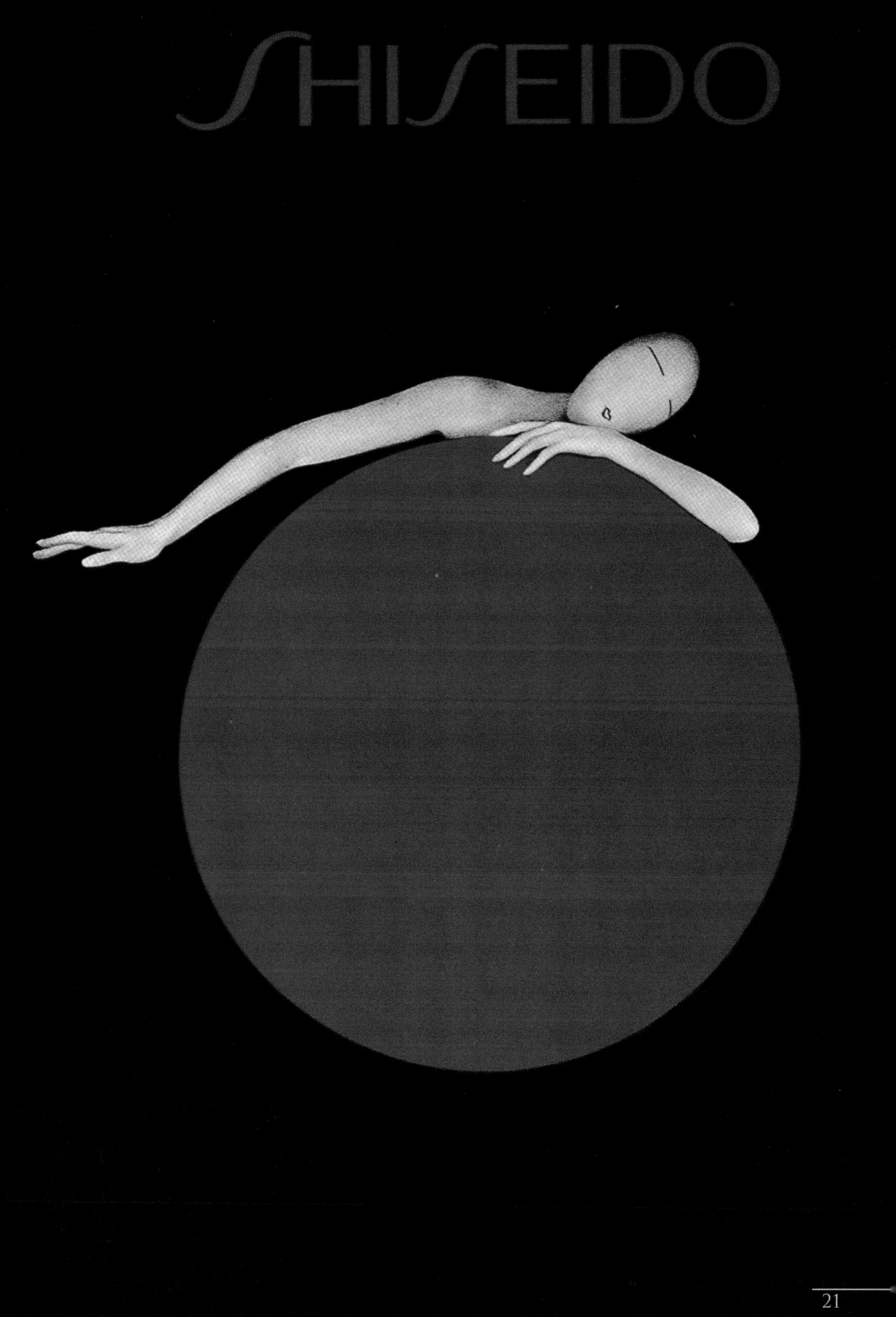
SHISEIDO

環，走向社會大衆，紅色也不再是貴族的專利。

影響所及，能夠兼具皇室貴族氣息與鄰家女孩的平易近人，往往讓現代女孩在各種社交場合中無往不利，只要一個讓人甜到心坎裡的笑容，以及優雅的氣質舉止，就是當下最引人注目的「平民貴族」。歐洲皇室近年相繼迎娶平民爲妃，讓「平民貴族」的浪漫神話變得離我們不遠。

這股平民貴族風潮，也激發時尚界的多重靈感與創意。以資生堂爲例，甫於近日發表的二○○四年春夏最新彩妝「PN叛逆系列」，即刻意擺脫冬季寒冷灰暗的色調，將平民貴族風的精神發揮得淋漓盡致，運用清爽、明亮的桃紅色妝點眼眸與雙唇，讓每個女性都能一圓公主夢，也讓女性在春夏之際，得以隨心所欲創造自己的妝容。

早在一八九七年，日本資生堂即推出桃紅色瓶身包裝的高機能型化妝水「紅色夢露」，旋即在日本上流仕女間口耳相傳造成話題，引進台灣時，也迅速擄獲台灣女性消費者的心。經過一個世紀的洗禮後，日本與台灣資生堂又先後推出紅色夢露的「世紀版」與「風華版」，成分與瓶身設計雖然經過改良，紅色的面貌依舊，更延燒了這股紅色狂熱風潮，奠定資生堂專業的品牌形象。據統計，二○○二年資生堂全台三十四個專櫃，即因爲這項單品而創造兩千萬元的業績。歷年的百貨公司週年慶銷售結算時，紅色夢露總是入列暢銷排行榜中。

另一款於一九七九年推出的夢思嬌系列化妝品，更是資生堂得以在台灣站穩腳步的重要關鍵。雖然當初夢思嬌系列商品是由日本與台灣共同發想，卻融入了中國的古典美學概念，包裝設計上承襲著傳統的水波紋與漆器丹紅的色彩。或許就是因爲台灣消費者特別偏愛紅色，即使後來其他國家都不再銷售，此一系列在台灣始終相當受到歡迎。目前夢思嬌系列商品全由台灣生產，再外銷到全球各地，紅色仍然爲主要的表現色彩。

到了一九八二年，日本資生堂爲了統一國際形象，更特別聘請法國知名形象藝術大師盧詩丹設計「圓等於資生堂」的視覺代表，傳遞資生堂至眞、至善、至美的形象與企業理念，大圓、火紅的設計紅極一時。

因此不論日本或台灣資生堂都很重視紅色的概念，也都曾多次出現以紅色爲主題的商品，或許與日本曾經大量輸入中國文化有關，因而形成相似的生活習慣，並出現共同的色彩情感與偏好。（整理／林霖瑋）

紅色夢露化妝水經過百年的歲月洗禮，紅色是不變的風情。左為1897年創始版，右為1997年世紀版。（提供／資生堂）

桃紅色的唇彩與眼影，始終是仕女的最愛。
（提供／資生堂）

尋找台灣紅

人文篇

[illegible] Made in Taiwan

[illegible]

[illegible]

探訪最早生活於台灣這塊土地上的原住民族，或許能窺知反映台灣鄉土容顏的服飾特色。原住民服飾除了特殊的幾何圖騰設計外，用色上也頗為大膽，經常可見大紅、大綠的色彩，只不過早期生活困難，服飾染料多半直接粹取自天然礦石，因而其中的紅色染料並非正紅，反倒多了些或深或淺的變化。

細心觀察生活週遭的色彩，不只是服飾，平常居家或節日慶典用品，甚至戶外的自然景物，都不難發現「紅色」的蹤跡。從流行時尚的角度來看，彩度淡雅一點的桃紅色，更適合普遍膚色偏黃的台灣人，也難怪每當復古、反璞歸眞的風潮再起時，桃紅色的服飾、彩妝總是獨領風騷。

很可惜地，台灣紅雖然在服飾上已有廣泛的運用，目前仍沒能形塑出具體的台灣風格的服飾文化。如何結合國內設計師的創意巧思，發揮累積已久的產業知識能量，開發具有台灣文化元素的布料，大量的商品化，以提升國內設計師在國際舞台上的能見度，建構出台灣風格的服飾文化，可說是攸關台灣紡織與服飾產業發展的重要關鍵。

因此當文建會大力推動「二〇〇三台灣衣Party計畫」，整合紡織與服裝設計上下游產業的同時，民間業者當然不能置身其外。以紡織起家的遠東紡織集團，為統合集團設計資源，早在三年前即成立遠東集團全家福設計中心，網羅近二十位服飾專業人才，不斷在素材、創意上追求創新，今年初也嘗試自台灣文化與民間生活擷取靈感，包括從蝴蝶之美、國寶魚櫻花鉤吻鮭、台灣自然海島的外型輪廓與原住民幾何圖騰的角度設計出兼具台灣生態風情、文化特色的布料與服飾。

蝴蝶之美系列的提花布料，擷取蝶翼為底紋，以桃紅色展現台灣蝴蝶王國的風情。
（提供／遠東集團全家福設計中心）

九月開發完成的蝴蝶之美系列首先發聲，大量的桃紅色彩令人眼睛爲之一亮。設計的靈感來自發揚台灣蝴蝶王國的美名，巧妙結合蝴蝶圖紋及台灣紅的色彩元素，將蝴蝶展翅的影像解構後，再重疊染成桃紅的幾何圖形，正反兩用的布料設計，形成一搶眼一素雅的視覺效果，加上特殊的提花編織技術，實際運用在女裝服飾上時，更能滿足特定女性族群參加重要場合時，對於服裝上既要不失大方穩重、又兼具舒適與柔軟度的需求。又因爲僅有深淺桃紅兩單色的變化，得以避免淺色系的視覺放大效果，而巧妙修飾體態上的缺陷。

這款桃紅色布料的開發，從設計、紗線、成衣到測試都由設計中心與遠東紡織研究所合作完成，可說是眞正符合Made in Taiwan的精神。

爲了適應台灣夏季炎熱悶濕的氣候，讓衣飾除了美觀之外，也兼具舒適性與功能性，研究所首度將一般常用於運動或休閒服飾的紗線運用在女裝上，兼具排汗、抗菌與防紫外線的功能。

這樣的大膽嘗試，不只是對於國內紡織技術的一大考驗，更顚覆了傳統紡織布料的既定思考。（整理／林霖瑋）

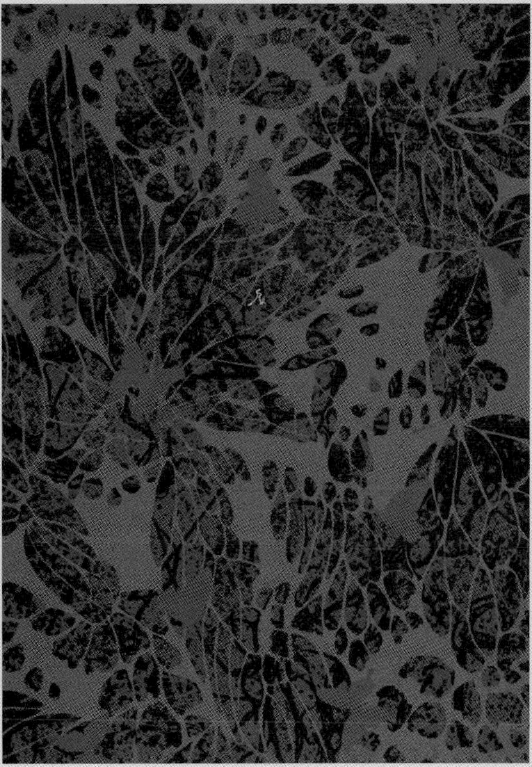

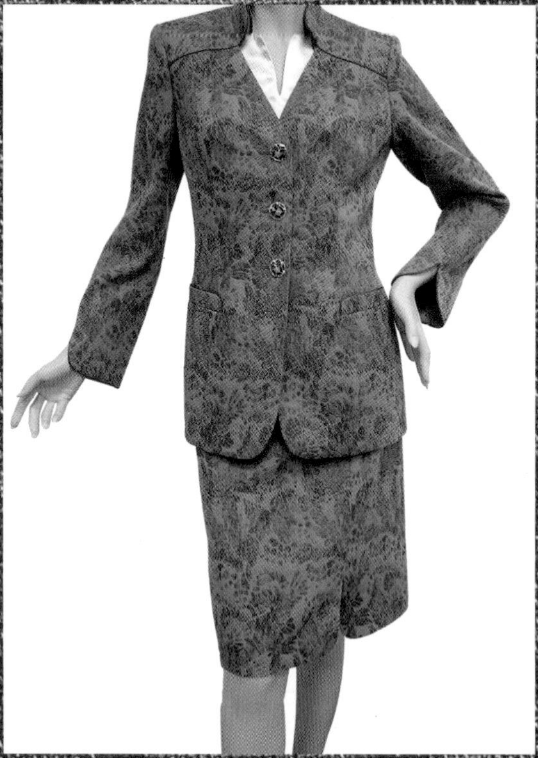

以桃紅提花布料設計的套裝。
（提供／遠東集團全家福設計中心）

由原住民的幾何圖騰概念延伸而成的布料，呈現濃厚的台灣風情。
（提供／遠東集團全家福設計中心）

尋找台灣紅

人文篇

泰雅族在台灣分佈很廣，從台中到花蓮畫一條線，以北的山區，都有泰雅族的部落。對一般人而言，泰雅族只是一個「族群」，但事實上泰雅族因河流高山阻隔又可細分八個支系，每條河的流域、每個支系都有各自喜好的顏色和特殊的服飾。

雖然屬於同一個文化圈，但是顏色隨著部族、區域有著不同的變化。例如泰雅族好用菱形紋和條紋組織，但是在使用共同表現元素的時候，分支的不同部族又會各自尋找他們的差異性，不管在工藝表現的手法、條紋的佈局或是材質的質感，都能看得出部族用色的偏好和搭配方式。

桃紅色對我們來說，代表著美好的事物，是一種好的顏色；但是在應用桃紅色時，還是必須遵守泰雅族的規範和禁忌。分佈在台北烏來、桃園復興鄉、宜蘭南澳和花蓮太魯閣等地的分支，將桃紅色應用在日常生活上的比例都比其他泰雅族支系來得多，而且在配色上會給人一目了然的感覺。

例如宜蘭南澳群把桃紅色當做主色，配上寶藍色和黑色相互交錯；又例如桃園復興鄉大嵙崁部族的服飾，也大量利用到桃紅色，他們主要以紅色搭配而不混入其他的顏色，並且用非常細密的織紋來表現工藝技術與美感；花蓮太魯閣群的服飾也是用菱形紋裝飾，但是用散點跳躍式的方式來表現，搭配深藍色和桃紅色，做為族群的特色。可惜的是，目前泰雅族比較精美的工藝品，經過日治時期研究專家或學者的搜羅之後，大多已經收藏在博物館裡，部落裡剩下的只有被單布、包袱巾等收藏家看不上眼的日常用品。

紅色在原住民文化裡是高雅、珍貴的顏色。有種說法是紅色代表我們身體裡的血

在原住民文化裡，紅色是高雅珍貴的顏色。圖為泰雅族天狗部落婦女。（攝影／Baunay・Watan）

液，所以是珍貴的象徵。原住民文化經過日治時期的皇民化和早期政府的山地平地化政策之後，中間有將近一個世紀的空白，所以我一直努力越過這段文化上長時間的眞空，趕快找尋耆老來探究這個問題的眞正答案。

雖然心裡知道得到正確答案的可能性相當微弱，但是透過原住民文化和服飾來尋找代表台灣特色的「台灣紅」，其實和我們尋找祖先文化的精神是不謀而合的。在現代化的社會裡，可能是因爲環境變遷與西方文化交流的關係，很長一段時間沒有跟祖先和這塊土地溝通融合；因此，我們花了十幾年的時間找尋自己的文化，找自己的衣飾、找自己的祭典、找自己的語言、找自己的顏色，希望從祖先失傳散佚的生活型態、日常器具和工藝美術等文化特色，轉化給現代子孫應用在現在的生活上，讓我們能夠和祖先之間築起一條溝通的道路。

到底什麼樣的東西才能代表台灣？我常常覺得台灣是一個很奇妙的島，它面積很小，卻包融了很多的文化；感覺彼此的距離很近，但是住在台北的都市人卻不知道十幾公

尤馬．達陸十幾年來不斷找尋祖先失傳散佚的文化。（攝影／Baunay．Watan）

里外烏來的泰雅族人是怎麼過日子、如何創造自己的文化，更不用說遠在屏東的排灣族人。如何把彼此當成自己的一份子，是現在身處在這個小島上的台灣人共同的課題。

原住民在台灣只有四十多萬人，約佔總人口數的百分之二，但是我們的祖先有悠遠的歷史文化和精美的工藝技術，是台灣非常重要的文化資產；我時常在想，原住民和原住民文化是否眞正爲台灣社會所接受、被認同？在我出國訪問或參加研討會時，看到韓國代表、菲律賓代表、世界各國的代表都穿著他們國家的傳統服裝出席，而我應該穿怎樣的服裝？穿旗袍？似乎不太恰當，穿泰雅族傳統服飾？好像也不能代表台灣。因此，我追尋發掘祖先失落已久的文化，希望在新的世紀裡，讓這塊土地上的人們都能彼此認同，都能體認原住民服裝也是適合台灣人、屬於台灣人的文化。

泰雅族有個「彩虹橋」的傳說，族人結束了現世的生活之後，必須通過一條由彩虹編織的橋，也就是祖靈橋，才能到達祖靈的福地。但不是每個族人都能通過彩虹橋，如果是男孩子必須曾經擔負保衛家園的工作或熟練狩獵技能，女孩子要能勤勞持家、擁有精練的編織技術，才能獲得祖靈的認同跨過這座橋，到達祖靈的福地──一方衣食無虞的樂

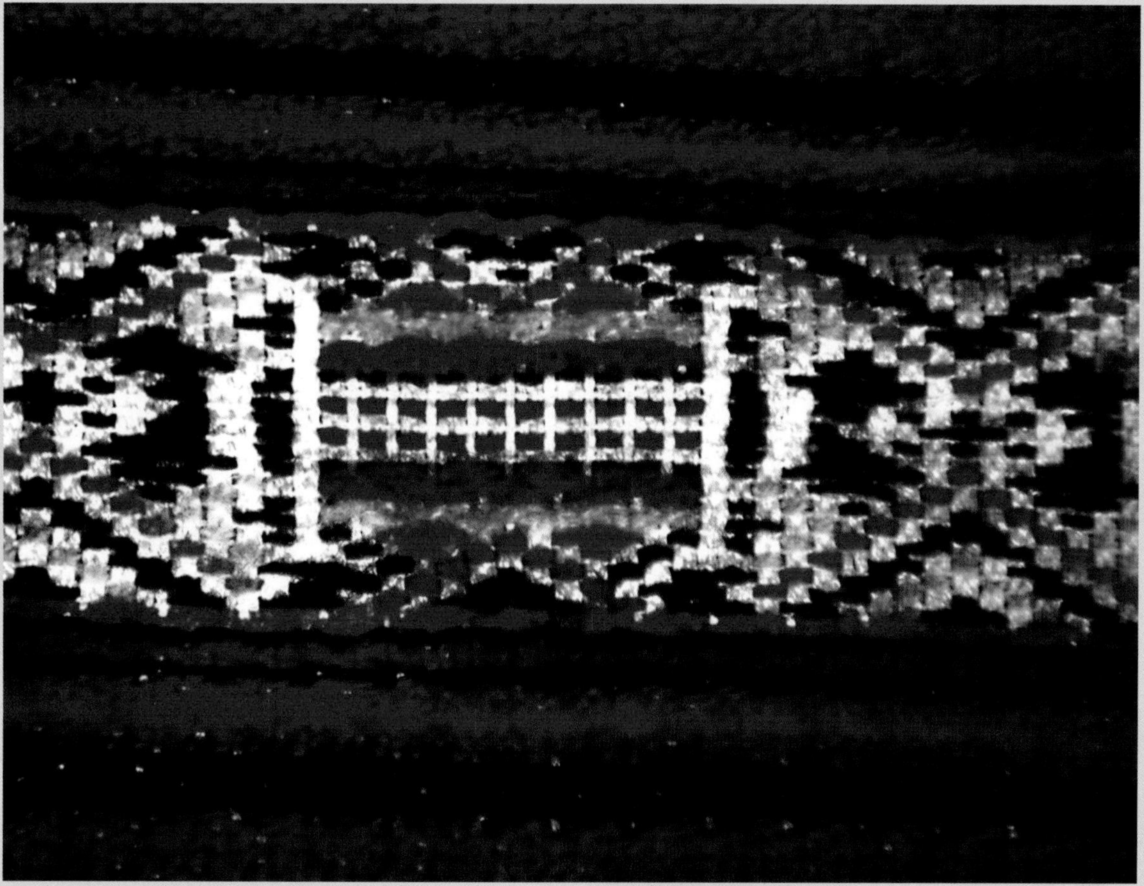

泰雅族北勢群新娘服上的裝飾圖案。（攝影／Baunay · Watan）

土。

早期族人辛勤打獵工作只是希望獲得一家溫飽，當完成了在人間的任務到達祖靈的福地，就可以不用再擔心這些事情。這塊福地是泰雅族人最嚮往的地方，也給了我們一個追尋的目標和方向。

當我開始有記憶以來，在部落裡已經很難看到精緻華麗的服裝，這些精美的工藝品都已經被收進博物館或收藏家手中。十五年前，我在博物館裡看到一件很華麗的紅色新娘服，我從來沒看過這樣的衣服，但是一旁的說明牌寫著「泰雅族北勢群」，讓我非常的震驚。那件衣服似曾相識，既陌生、又熟悉；它好像很接近我，但是我卻從沒接觸過它。雖然被深鎖在透明的展示玻璃櫃裡，我感覺那件新娘服似乎很想跳出來跟我對話，那是一種很深刻的感動。

從這一刻開始，我下定決心要投入泰雅族文化的尋根與保存工作，不斷的做下去，做到我能通過祖靈的認可，跨過祖靈橋為止。（整理／楊晉一）

尋找台灣紅

人文篇

胭脂紅

台灣民間陶瓷工藝的發展過程中，有兩種紅色極具代表性，一是「磚紅」，一是「桃紅」，磚紅反映在台灣開發初期，先民胼手胝足堅苦卓絕，先驅者的拓荒精神；以台灣土地的黏土所燒製的各種生活器用，包括建築材料的磚、瓦，居家生活的坩、鍋、甕、箸籠以及急燒仔（煎藥壺）、灶椅等，甚至連供奉的神像都有磚燒加彩的（台南米街最著名）。台灣先民拓墾的時空幾乎就是磚紅的世界。

台灣土地上夾砂粗陶燒就的磚紅，是自然材質產生的色澤，沒有人爲的操作和選擇，在那個年代的器物，大都以實用爲主要功能，而且社會開發的程度也還不具備以個人好惡做價值判斷的條件，因此「磚紅」的定位應該是天然材質給予台灣社會的一種色澤。

「桃紅」又稱「胭脂紅」，不同於「磚紅」，「磚紅」是夾砂粗陶素燒的顏色，「胭脂紅」則是一種釉色；「磚紅」是粗陶素燒的天然色澤，「胭脂紅」是台灣人民在生活環境穩定之後，行有餘力在器物實用功能之上，尋求藝術美感，所選擇的一種色彩。

「胭脂紅」在紅色系譜家族中，不屬於明朗華麗的色系，比起許多搶眼的紅色，她幾乎是一種刻意的低調和隱晦，用以遮掩那份雋永的冷豔，或者可以稱她爲耐看的紅。

交趾陶裏最尊貴的釉色

交趾陶是台灣地區極具代表性的傳統陶藝類種，一般使用礦物質爲發色劑，俗稱「石釉」，以低溫燒成。

早期瓷磚圖案上的胭脂紅。（攝影／黃志農）

交趾陶的「胭脂紅」釉藥爲「氯化金」，日本人稱之爲「鹽化金酸」，它最特殊的地方在於用「金」做發色劑，所以成本很高，因此在一般交趾陶作品中並不常見，交趾陶作品中使用「胭脂紅」的才積不大，有畫龍點睛的意味，高價位交趾陶精品，當然可能出現較多的「胭脂紅」。

據交趾陶資深工作者，二○○三年甫獲中華文化薪傳獎的高枝明表示：「胭脂紅」釉色不易掌控，不同批的釉藥，很難燒出相同的釉色，加上「氯化金」爲低溫燒釉藥，窯溫必須控制在攝氏九百度以下，超過攝氏九百度金就揮發而無法發色。

碗盤上的胭脂

台灣昔日生活中的舊碗盤，近年來成爲民俗文物蒐集的熱門主題，蒐集目標鎖定有裝飾性繪畫或文字的碗盤；台灣舊碗盤的裝飾早期以青花手繪爲主，最具代表性當推「雞公碗」，還有一些畫工簡單的隨興揮毫，以及「魚盤」、「蝦盤」的表現，這些比較具象的裝飾，帶有相當強烈的物質生活祈求，祈求三餐的溫飽豐盛，祈求餐桌上有雞、有魚、有蝦……，後來碗盤上的裝飾更加活潑，釉色更加豐富，題材也趨於多元，包括山水、花鳥、果蔬、魚蟲……，胭脂紅也在此一時段活潑了台灣舊碗盤。

著名的台灣舊碗盤收藏家方樑生在他出版的《台灣之硘》中，提起胭脂紅的釉藥成份爲「氧化錫／重鉻酸鉀」，當代陶藝館主人游博文表示，胭脂紅釉色就是目前陶藝界所稱的「鉻錫紅」，他表示鉻錫紅不同於交趾陶的氯化金，氯化金屬於低溫石釉，鉻錫紅

胭脂水牡丹花瓶。（攝影／黃志農）

鶯歌燒製的壁瓶上也有朵朵胭脂紅。
（攝影／黃志農）

則是高溫水釉，銘錫紅雖然沒有金的成份，但也是屬於高價位釉藥，因此胭脂紅在舊碗盤的裝飾上扮演點綴的角色。

由於胭脂紅在舊碗盤裝飾的尊貴地位，在民俗文物流通上，有胭脂紅的舊碗盤比一般舊碗盤搶手，當然價錢也高一些；有時在收藏家手中欣賞一件質樸的舊碗盤，上面點綴著一小抹胭脂紅，會不禁想起童年看見母親梳粧打扮，準備到廟裏上香，一身素雅卻掩不住嘴唇上那一抹胭脂，那胭脂象徵苦日子裏的一絲希望，在舊碗盤裡的胭脂紅，不正也是台灣先民在苦日子裏，堅持漂漂亮亮過生活，並祈求一個胭脂般好夢的豁達嗎！

舊碗盤上綻放的胭脂紅。
（攝影／黃志農）

琉璃風華胭脂水

台灣的玻璃工藝在清代晚期由中國大陸傳入，而台灣玻璃工藝的快速發展則在日治時期，從日治中晚期一直到六○年代，台灣社會生活中使用玻璃器物之多元與廣泛，是相當令人驚訝的，舉凡冰碗、花瓶，各類瓶罐杯盤，醫藥衛生用具，照明、文房用具，甚至建築用的玻璃磚，照相的底片、照片，衣服上的鈕扣，煙灰缸、煙嘴，金魚缸、用來入土隨葬的玻璃仿玉手鐲……；在極富代表性的牡丹花瓶（供桌上之禮器）中，也出現胭脂紅色彩，業界稱這種顏色的玻璃爲「胭脂水」，「胭脂水」不僅出現在牡丹花瓶上，在其他裝飾性較強的玻璃器物上也可以發現。

台灣原住民的琉璃珠也可以找到胭脂紅的芳影。

胭脂紅的吉祥寓意

胭脂紅不僅在台灣的工藝產品中，被寵愛使用，在常民的生命禮俗和年節記事中，也被賦予象徵性的意涵，譬如：代表新生命降臨的「紅蛋」，就是煮熟的白蛋，染上胭脂紅，白色的麵桃要加上胭脂紅才能稱爲「壽桃」，紅龜粿也要點上胭脂紅，還有湯圓以及很多糕餅也都使用胭脂紅。

結語

胭脂紅是一種漂亮的顏色，也是一種尊貴的顏色。

胭脂紅陪伴著台灣先民走過拓荒的日子，胭脂紅象徵生活中漂亮的豁達，也象徵著璀璨願景的期盼。

對台灣人民而言，胭脂紅不僅是視覺的符號，也是樂於爲自己烙印的文化胎記。

瓷版人物畫上的胭脂紅。（攝影／黃志農）

尋找台灣紅

人文篇

阿嬤的紅色滋味

阿嬤總說神喜歡紅色的貢物，這點不知阿嬤是怎麼知道的，但不管神喜不喜歡，我是很喜歡吃紅龜……

那一年，新北投溫泉路家中的山櫻花開得特別茂盛，如緋紅雲霞的繁花，宣告了早春的鬧意，阿嬤看了興起，在樹下鋪了塊白布，要我輕輕地晃動樹枝，粉紅的花絮飛落，阿嬤收集好花瓣，用糖醃漬後，包在麻糬內，做成很特別的粉紅色的山櫻花麻糬。

阿嬤包好自製的麻糬，和我沿著溫泉路下山，到老北投的菜市口，和擺攤的老伯伯買紅龜，看到阿嬤買紅龜，我就知道待會要去關渡宮拜拜了，阿嬤總說神喜歡紅色的貢物，這點不知阿嬤是怎麼知道的，但不管神喜不喜歡，我是很喜歡吃紅龜，在神還沒吃之前，我就會先把阿嬤買給我的紅龜吃掉，接著再吃一碗摻了紅白小湯圓的紅豆湯。

坐上北淡線的火車，在關渡下站，阿嬤不急著上關渡宮，她會沿著河堤走，去堤邊熟識養鴨人家買冬天醃足四十天的紅仁鹹鴨蛋，阿嬤剝開剛蒸好還溫熱的蛋黃，教我分辨好的紅仁顏色應當是桃紅色，不能像紅龜那麼紅，那就表示鴨子吃了色素，也不能買淺紅色的，表示鴨子吃的不是淡水河漲潮時海水倒流進關渡所夾帶的魚蝦，而是飼料。

阿嬤買了一袋正字標記的關渡放港的鴨蛋後，我們就去關渡宮上香，廟裡果然到處是紅色，紅布幃、紅桌布、紅燭、紅燈、紅燈籠、紅木桌椅、紅紙，還有紅臉的神像，以及供桌上放著各式紅色的食物，原來神住在紅色的世界中，阿嬤上好香，拿起紅色新月形狀的木頭搖叉，唸唸有詞後往地下一扔，之後抽了個木籤，到師父那拿了張紅字條，才心滿意足地離開。

阿嬤拜完了廟裡的神還不夠，還有家裡神桌上的神，在關渡宮門前，有些淡水來的魚販賣著海鮮，阿嬤總愛買紅目鰱、赤鯮之類的紅魚，也買一些開水燙後會變紅的透抽，當晚，阿嬤會乾煎、清燙好這些魚鮮，在神桌上放一會，然後拿下桌給我們吃，阿嬤說吃拜過神的食物對身體會很好，因此阿嬤不管買什麼，都會先放在神桌上供一供，又因爲阿嬤總覺得紅色的食物討神的歡喜，總喜歡買洋紅色的蓮霧、橘紅色的柿子和嫣紅色的荔枝，連豬肉都要染上紅紅的顏色。

後來我才知道阿嬤做的紅色豬肉有兩種，一種是紅糟滷過，另一種是用紅糟略醃後去炸來吃，我喜歡吃後者，尤其喜歡阿嬤帶我去龍山寺上香後，一定會去的廣州街周記吃肉粥配炸紅燒肉，之後再去青草巷喝紅紅的洛神花涼茶。

有一年夏天，阿嬤帶我坐上長途火車去台南看她的老家，那是我第一次喝到用紅心木瓜打的木瓜牛奶，在台南的日子，我幾乎天天喝一杯，阿嬤帶我去吃各種她愛吃的小食，去當時還不那麼有名的黑橋牌買現烤的暗紅色的肉乾和香腸，去阿霞飯店吃紅蟳米糕、去莉莉冰果室吃員林傳來的現切青紅番茄沾薑糖醬油膏、去台南擔仔麵吃麵也吃黑白切的暗紅色滷豬肝和粉紅色肉腸。

回台北不久後，阿嬤改信基督，家中從此沒有了神壇和供桌，也不必再拿食物拜神了，但奇怪的是，阿嬤並沒有因此少買紅色的食物，大概是人吃慣了神愛吃的紅色食物後，一時也改不了。阿嬤還是買紅色的魚、紅色的水果、紅色的橄欖蜜餞，關渡的紅心鴨蛋、竹山的紅心蕃薯、埔里的紅甘蔗，但惟一不買的是紅龜了，是不是只有紅龜會讓阿嬤想起她背叛的神？

阿嬤不用拿食物去廟裡拜神，但每個禮拜天，她去做禮拜時，還是會帶食物去奉獻，只是這些食物不是給基督吃的，阿嬤也會說基督不是偶像，不必吃人吃的東西，阿嬤帶去的食物是和教友一起分享的聖餐，阿嬤改教，我也只好跟著換地方去玩，一直到今日，廟和教堂對我都是一樣好玩的地方，也都因此有好吃的東西。

每當阿嬤包著各式食物要帶去教堂時，我都忍不住會去看看裡面有沒有以前她信的神愛吃的東西，紅龜當然從沒出現，但其他的東西都有，八月官田的紅菱上市時，阿嬤一定會煮一大袋，而紅菱的形狀總會讓我想起廟裡的暗紅色的搖叉，但我從來不說，免得阿嬤以後不買好吃極了的菱角了，阿嬤也會做一大鍋的紅心粉圓，也帶紅色的宜蘭鴨賞等等去教會。

阿嬤離開人間後，每當我吃到紅色的食物，都會想起她，吃豬血湯時就會想到她帶我到台北大橋吃豬血湯的往事，連在鴨肉扁桌上那瓶幾十年沒改過，一點也不辣的粉紅色辣椒醬時，我也會想起阿嬤家中也有同樣牌子的辣椒醬，用來沾台南肉粽最好吃。

阿嬤的時代，台灣還見不到大湖紅草莓和進口的紅櫻桃，如今每到上市，捷運站口都會有許多小販賣著這些有異國風的紅色水果，阿嬤會不會在基督的天國裡也買得到呢？

今年媽媽去世了，本來家中沒有神壇供桌的父親，爲母親設了個靈位，靈位前除了鮮花常設外，爸爸也不時放上一些母親在人間時喜歡吃的東西，像粉紅色的梨山富士大蘋果和水蜜桃，以及南門市場買來的紫紅色的山楂糕和南棗糕，我眞的希望母親在天上也可以吃到這些紅色的滋味，也許她正和阿嬤一起分享著。

尋找台灣紅

人文篇

兒時記憶的紅

在台灣的傳統觀念裡，長輩們總喜歡給小孩子用紅色的棉被、襁褓或背帶，希望討個吉祥福氣，保祐他們能健康平安的長大。

走過台灣許多地方，拍過這麼多的風土人文景物，紅色可說是最能代表台灣的顏色，因爲它已和我們的日常生活緊密的結合在一起。例如：拜神祭祖用的香的紅色包裝袋、年節慶典時的紅龜粿、家中神桌前的紅布、貼在門口的春聯、農家婦女包裹斗笠的紅色碎花頭巾、結婚發送的喜帖或傳統少女房間門口懸掛的紅布等，舉目所及隨處可見。

在這些紅色之中，有正紅色、磚紅色、朱紅色、棗紅色、褐紅色、桃紅色等各種色調的紅色，而一般人觀念裡的「大紅色」或「鮮紅色」，多半是和宗教儀式、民俗活動和年節慶典有關，代表著吉祥、喜氣、歡樂和熱鬧的氣氛，反倒是桃紅色或棗紅色，會給予人們比較親近、舒服的感覺。

長久以來的攝影歷程中，印象最深刻的紅多半來自於孩提時代的回憶。在台灣的傳統觀念裡，長輩們總喜歡給小孩子用紅色的棉被、襁褓或背帶，希望討個吉祥福氣，保祐他們能健康平安的長大。

一九八四年我接受行政院文化建設委員會的邀請，走訪台閩地區拍攝紀錄所有的二、三級古蹟。到了台南市西區拍攝「風神廟」與「接官亭」這兩處古蹟的時候，偶然看見有個白色身軀、紅色座椅的玩具木馬，靜靜地停放在風神廟陳舊的廳堂裡，陽光透過斑駁的深紅色大門照射進來，那種溫馨、和諧、寧靜的感覺，讓我立刻回想起小時候的情景。

另一個對紅色的深刻經驗來自於一床棉被。有一年因爲工作的需要前往高雄縣大津瀑布附近，晚上就投宿在當地一間小旅社裡。雖然只是鄉下的小旅社，但是木板構築的地板、樓梯都乾乾淨淨、一塵不染；令人訝異的是，當我打開房間門看到一床紅白斑點相間的棉被時，不禁勾起我年幼時期的回憶，彷彿還能聞到陽光曝曬過後清新的香氣。

一九八三年我在蘭嶼拍攝的作品「蘭嶼的小孩」，則是透過紅色來傳達另一種不同的意境。早期蘭嶼的物質條件不豐，很多生活物資是由台灣捐助而來，一個全身光溜溜的當地小孩，穿上紅色滾白邊的連帽上衣之後，兩種不同文化與生活環境互動交流的結果，完全展現在孩子天眞的表情上。

從攝影或平面設計的構圖來說，紅色往往具有畫龍點睛的效果。例如利用一大片紅色做爲背景襯托出主題，或是在適當的位置加入某個紅色的元素，就能吸引觀賞的目光。

早年我爲中興百貨公司設計的「小紅帽」一系列廣告，就是運用了這個簡單的概念。我以黑白的照片爲底，利用電腦修色將畫面中模特兒的衣服改爲紅色，而這一小部分突出的紅色就能達到吸引觀賞者注意力的效果，成爲視覺凝聚的焦點，展現出女性主義的特質與活力。也許是這個特殊的安排，讓這則廣告獲得了時報廣告金像獎和年度最佳平面廣告獎。（整理／楊晉一）

風神廟裡的木馬。（攝影／謝春德）

在棉被攤隨手拍下的照片。（攝影／謝春德）

蘭嶼的小孩。
（攝影／謝春德）

尋找台灣紅

人文篇

桃紅色對我來說，它不只是個顏色，而是生活中很深奧的境界。從精神層面來說，包含了對年輕人和中年人的啓發，而且意義非常深遠，可以讓人靜下心來思考什麼才是人生的目標。

一九九四年製作「桃花紅紅」這張專輯時，靈感來自於唐朝崔護的一首詩〈題都城南庄〉：「去年今日此門中，人面桃花相映紅；人面不知何處去，桃花依舊笑春風。」透過桃花感嘆出青春的短暫，所以「桃花紅」歌詞中寫道：「桃花紅紅，我的青春夢；春風弄花透清香，夢中只剩桃花紅」。整首曲子的意境比較感傷，有別於許多民謠中「春暖花開桃花紅」的熱鬧歡樂印象。

另外在《詩經》〈桃夭〉裡的句子「桃之夭夭，灼灼其華」，也是用桃花來比喻年輕歲月，就像桃花一樣的鮮紅豔麗。因此，桃紅色給我的第一印象，就是「青春」。

崔護的詩和《詩經》都在讚美歌頌青春的美好，卻也非常短暫；對我而言，桃紅色則是一種警示的信號，提醒我青春已經越離越遠，現實卻越逼越近，包括外在社會的壓力、家庭的生活開銷、科技的日新月益等等，但是自己的體力早已不如從前。所以我認知到，人要像名貴的手錶一樣能「保值」，年紀越大越有價值，而這份價值來自於隨著歲月增長所累積的知識與經驗，在每個不同的階段，學習不同的事物爲自己加分。所以即便到現在，我都還在不斷摸索新的經驗，學習新的事物。

從「唐山過台灣」的故事以來，台灣人一直以刻苦耐勞、越磨越韌的個性自豪，按理說年輕人應該像春天桃花盛開時那樣地燦爛，爲社會注入新的活力與新的氣象；可惜

桃紅色就是「青春」。（提供／金革唱片）

鄧志浩在加拿大學木工，回台灣親手蓋自己的房子。（提供／金革唱片）

現今的E世代多半只顧享樂不肯吃苦，反倒成爲「變調的桃花」，實在頗令人憂心。

我今年送給我女兒的生日禮物是一塊玉，上頭刻著一個跪著的人，意思是希望她「遇貴人」；而想到得到貴人的幫助，一定得自己放下身段跪地拜師，不要因爲個人小小的成就而自滿。所以「桃之夭夭，灼灼其華」的時期，應該虛心尋找好的啓蒙老師來指引迷津、指點道路，不然青春年華轉眼即逝，到後來什麼東西都沒學到。

以前我一心一意想成爲民歌手，但是對台灣的演藝環境感到失望，轉而到蘭陵劇坊向吳靜吉博士學戲劇，花上好幾年的時間磨練功夫。後來我求教於兒童戲劇專家胡寶林老師，成立九歌兒童劇團，在國內外四處演出互相交流；幾年前在新加坡認識一位抽象畫大師，我們一見如故，用兩個月的時間跟在他身邊學抽象畫；到加拿大之後學了兩年木工，回來台灣自己蓋房子、做傢俱。雖然我已經過了「灼灼其華」的歲月，可是只要有人願意傾囊相授，我一定認眞去拜師學藝。

對於桃紅色的另一個印象，是來自於中國古代的神話故事「夸父追日」。夸父原本是幽冥王國裡孔武有力的巨人，爲了找尋光明去追逐太陽，可惜最後體力不支渴死了。他死後身體變成一座山，丟棄的手杖化爲一片桃花林。

很多人將這則故事用來比喻人自不量力，我認爲這其中還包含了另一層的意義。夸父確立目標後就全力以赴去做，這種勇於冒險的精神很值得我們學習；而手杖變成的桃花林，是希望後人在追求個人的與理想時，不要只是埋頭苦幹一直往前衝，累了不妨到桃花樹下休息一下，喝口水、喘口氣，再繼續努力。

像我這樣的中年人認爲夸父追日的桃花紅啓示，是到了這個歲數時，能不能像年輕時代一樣，再次在生命中開滿桃花。大多數人一到中年想換跑道，往往缺乏面對自己、挑戰自己的勇氣，不敢或捨不得拋開舊有的包袱，去探索未知的領域；尤其現在經濟不景氣，中年失業之後求職四處碰壁，不知道該怎麼辦，因此難以開創出新的契機。

這片燦爛的桃花林也給我們很大的警示：在台灣這樣的工商業社會裡，很多人一輩子爲事業辛苦打拼，結果卻失去了親情、健康或其他更珍貴的事物，如果能夠在工作途中適時的踩煞車，給心靈留一點空間，置身於安靜的環境裡才能認眞思考人生未來的方向，尋找出創作的泉源。

若是將紅色應用在戲劇演出方面，我最近的一部新戲「皇帝的希望」，希望透過戲劇讓小朋友理解「生」與「死」的觀念，這對兒童來說是比較嚴肅的課題，也不容易表現。一開場我設計即將臨盆的皇后在皇宮裡順利生產，伴隨著嬰兒的哭聲宮女將紅色的大布幃拉開，象徵了新生命的喜悅；但是同樣的場景，皇帝卻是在遠方的前線作戰殺敵，死傷無數，一片血紅。隔著這條紅色布幔，「生」與「死」其實只是一線之隔。

透過這些桃紅色的印象，我認爲在享受「桃之夭夭，灼灼其華」的時候，更要掌握時間、珍惜青春，否則機會稍縱即逝。機會之神的頭髮是往前飛的，而後腦勺光溜溜，如果沒有即時把握住前面的頭髮，回頭想再抓住機會就很難了。到了人生的中段，「四十而不惑，五十而知天命」，要像夸父一樣確立清楚的目標追求理想，除了在生命中開滿一片片燦爛的桃花林之外，也要記得喘口氣、小歇一下。（整理／楊晉一）

鄧志浩的結婚照。（提供／金革唱片）

文人畫裡的台灣紅

文人畫家江兆申一幅描寫台灣中部山野風光的「風櫃斗」畫中一棵紅樹屹立在滿山綠蔭之中，直是神來之筆，成為奇異的平衡，餘韻無窮。

傳統文人畫講究意境，給人清幽淡雅的印象，紅色通常只作為點綴，雖非主角，卻有畫龍點睛之妙。例如山裡坐落一間紅色小廟，山裡有廟，就表示有人跡，既醒目又安定；又如山水風景中出現幾點硃砂，蓊鬱山林立刻顯得更富於層次。

當代最傑出的文人畫家江兆申的作品就是非常生動的例子，來台後他經常以台灣各地風情入畫，一幅描寫台灣中部山野風光的「風櫃斗」，畫中有一棵紅樹屹立在滿山綠蔭之中，直是神來之筆，成為奇異的平衡，餘韻無窮。

蘊藏在台灣風景裡的紅也是獨特的，與中國北方或其他地方的紅截然不同。舉例來說，秋天在文學上的印象是蕭瑟的，但台灣氣候溫暖，即使是同樣的季節，表現在畫裡的紅色給人的感覺也是溫暖的，這是畫家觀察自然直覺的反應。

紅色是視覺導引，少了它畫面不免失之平板，鈐印在中國繪畫裡即扮演此一要角。在書畫上鈐蓋印章的用意，也是畫龍點睛的作用。印泥的顏色多，有暗紅色、硃標色等，以礦物質的硃砂最常用，紅色的印章，成了書畫藝術重要的註腳。

台灣人對紅色情有獨鍾，大概是因為台灣大地極目所見以綠色為主，相對的紅色就顯得特別令人印象深刻。

鳳凰木是台灣在夏天最普遍的紅，我畫「鳳凰木」，很自然畫出整棵紅色的鳳凰木，不是正紅，而是從赭紅、橘紅到暗紅。

我偏愛鳳凰木的紅，因此非常留心觀察台南、台中、台北天母各地的鳳凰木，最美的就數東海大學校園裡的鳳凰木了，夏天轉紅時節，我會刻意到台中欣賞。住家附近天母

江兆申作品「風櫃斗」　1994　147×75公分　（提供／李螢儒）

夏日火紅的鳳凰木。（攝影／李螢儒）

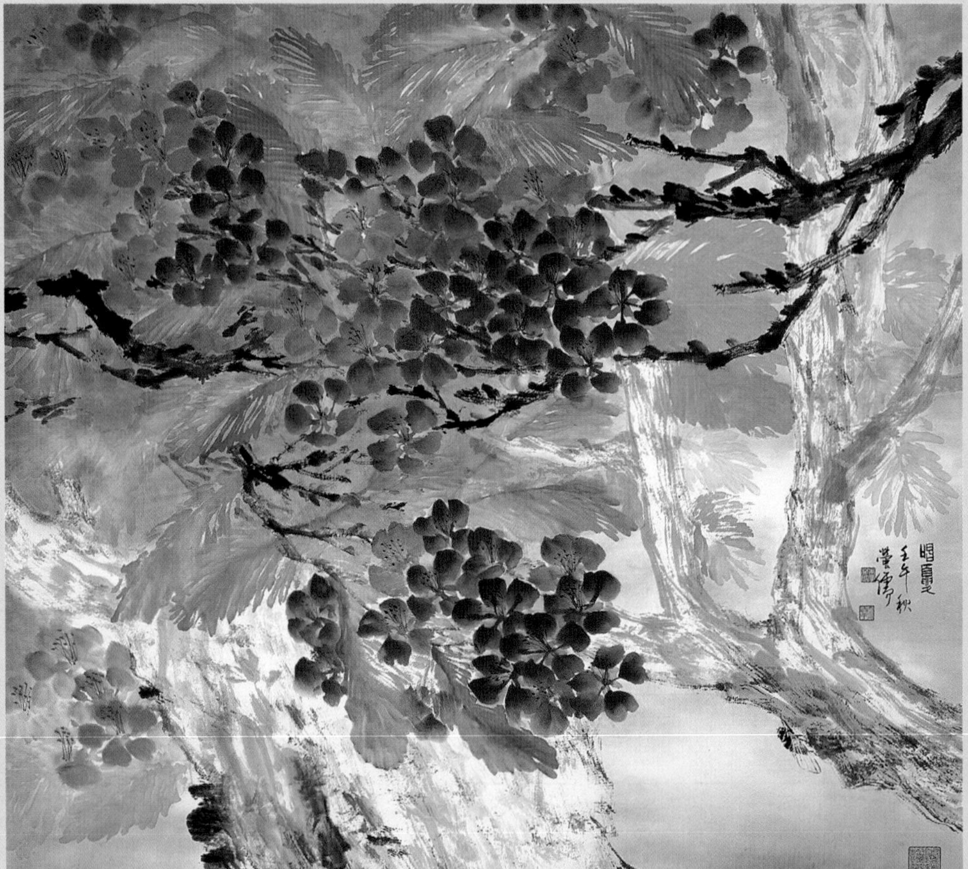
李螢儒作品「鳳凰木」　2002　90×97公分　（提供／李螢儒）

馬祖特色傳統建築「封火山牆」。（攝影／李螢儒）

的鳳凰木也是我觀察的重點，幾乎每一棵鳳凰木我都認識，哪一年最紅，何時開始變紅，我都作了完整紀錄。

有著大片紅牆的孔廟，是令我特別震撼的台灣紅印象，不論是台北、台南等地的孔廟，紅色都成了動容的人文色彩。還有一次到馬祖拍照，當地特色建築「封火山牆」，也是我一次難忘的獵鏡經歷。山牆是台灣寺廟的共同面貌，但在馬祖卻呈現出完全相異的風情，有的靈巧，有的飛揚，紅色山牆猶如火焰，在烈日下生動的舞動。

（整理／王曉鈴）

藏身在碧波綠野間的紅色小廟。（攝影／李螢儒）

尋找台灣紅

人文篇

紅瓦綠籬之美

色彩在建築運用上，有來自材質原色與漆料塗刷的兩種呈顯，中國建築在五方上的象徵五色，原本就以紅色作為南方的具體代表，紅色即朱色，也有稱朱紅、赤紅，台灣民間習慣稱豬肝紅色。

紅色在中國人心目中為喜事、幸運與過年過節的好兆頭象徵，然如何表現，或材質的運用，卻因地制宜、階級身分等級與財力花費多寡等因素的影響。而台灣的建築色彩文化思想主體雖來自中國大陸，運用與表現卻別具地方色彩，特別是紅色的表現。

磚紅與瓦紅

與中國北方建築中民居的白牆灰瓦，或宮殿、寺廟金碧輝煌的琉璃瓦屋頂，以及紅漆料刷出來的牆來比較，閩南民居及台灣民居的「紅瓦綠籬」，算是相當平實的突出，因為材料不會反光發亮，可卻是大片紅色展現在那裡。閩南一帶的燒磚製瓦，是用田間的爛泥巴壓製成「瓦」與「磚」形，經曝曬之後，再入窯燒成，因土中的礦物質含量，使成品有橘紅色與棗紅色兩種色彩，明度與彩度皆很高，若火候太過，則會成暗紅色，也就是一般的火成磚，顏色就很髒，而且明度與彩度就很低。

紅色的磚與紅色的瓦舖滿牆面、地坪與屋頂，配合房舍週遭的綠籬竹圍，剛好形成對比，相當搶眼，然而為便於近距離欣賞建築，匠師進一步將砌疊磚塊作為牆體這種手藝，發展出「疊澀」的體型變化(有墀頭、鳥踏、水車堵等作法)，各種不同磚的形體(長方形、正方形、八角形、菱形……)，蜈蚣腳的砌體、花格牆的漏空花紋砌牆體，大

紅瓦綠籬的聚落。（攝影／賴志彰）

片牆面的「框隔」與邊角裝飾(有稱撻角)，進一步還作出「窯前雕」與「窯後雕」兩種磚雕飾。

如此一來造就大片紅牆體上的不同層次裝飾，也就是說當光線照射在這樣複雜的紅磚體上時，會有不同光影變化與效果，消除大片紅牆的笨重、單調感。地坪上的舖面，也以紅磚作舖排，由室外的丹墀、過廊、小天井到室內的地板，蔚為大片的大喜紅色。

大紅門、大紅柱與大紅樑

宮殿、寺廟面朝南的建築採用紅色大門，本爲天經地義的事，然台灣的家祠堂，甚至官紳宅第，也不管它是不是座北朝南，竟競相以紅色大門作爲裝修安排，外山門雖沒有整片刷上紅漆，卻也在上半身刷出兩大塊的「門聯」位置。神明廳或公廳，前簷廊的對柱若不作龍柱，也會刷上紅漆，廳室內部另有所謂的「四點金柱」，也會刷上紅漆，在闇暗的室內格外顯眼。

這是塗抹後的紅，比較接近朱紅或血紅兩種色調。台灣寺廟室內屋頂的桁條(或稱樑條)，也會刷上紅色，甚至大通樑偶也見整個刷成紅色，相當搶眼。

紅底與紅地

台灣寺廟的牆、門、柱、樑以外，許多木料的五彎連枋、撐栱、挑簷枋、座斗、大小長短墊木的底部，也就是一般所謂的「地」，常要在側邊的五顏六色彩繪施作後，特別將它畫成紅漆料，剛好可以有一轉折或過渡的交待，使觀賞者不論在平視或正向看時，都有主題式的表達，抬頭則見紅色的襯底。另許多寺廟的大片淺浮雕或牌匾，會施以紅色的襯底，再於其上刷金漆或其他各種顏色，紅底金字的感覺，相當金碧輝煌。

剪黏、交趾燒與柳條花磚的紅

墀頭、水車堵或脊堵上，有特定的空間可以拿來安置交趾燒陶、剪黏，或者彩繪，其中最少看到紅色的色彩，若有出現，則會是特別顯眼與特殊需求，像屋脊上的雙龍搶珠的「龍珠球」及它四周的「火焰」，或是表達紅花的剪黏瓷片，其他像是衣服、裝飾品、框底彩繪……等，都有萬綠叢中一點紅的突兀效果。屋頂正脊上的脊堵，也有利用柳條花磚來拼排的，它也是泥土燒製的，所以也是不發亮的磚紅色，比起前三項，這裡出現的紅，算是發揮關鍵少數者。

從春聯、桃符、紅布條到八仙彩

房宅內外還有一種屬「貼」、「漆繪」或「掛」的「吉祥」、「平安」、「剋制」等作用的裝飾品，那就是固定的彩繪春聯、紙春聯、符咒、太極圖、日月雙桃……等。其主要的色彩是紅色，再襯以金、黑、黃等色彩，也算是相當醒目。另有利用紅布條或大片紅布巾掛飾，爲簡單作爲內外界定的手法，像門上、門楣上，或者是特別的出入口(像戲台上的出將、入相兩門上)，甚至神明廳前擺供品大桌外側的門楣上所掛的「八仙彩」，是作爲「婚」、「壽」、「喜」宴的點綴品。

結語

走在台灣傳統建築間，從民居到寺廟，不自覺間就感染到那種隨處可見的「紅」色喜氣，相信每一個人都有類似的經驗，惟獨，室內外的表達不同，室外是大片大片的展開，而且是不反光平實的，室內則因光線較暗，起一定的「反」作用，所以是用點綴的，這是台灣紅的展現。

紅色是金碧輝煌的傳統彩繪不可或缺的主調。（攝影／賴志彰）

迎春納福少不了紅色的點綴。（攝影／賴志彰）

紅牆上的磚雕。（攝影／賴志彰）

尋找台灣紅

人文篇

鄉野一點紅

土地公壇總有幾抹紅彩妝點，可能是長條布幔，可能是香燭對聯，還看過爲泥塑伯公臉上塗染的暈染桃紅。

◎謝禮仲
（[illegible]）

台灣各處行旅中，鄉野的土地公壇經常是讓自己獲得短暫安適與休憩的首選處。那裡大致都有一棵大樹，庇蔭襲人的暑熱；或有成片的綠色田野，提供宜人的寧謐。最愛客家人對土地公的稱謂—「伯公」，那樣如同對待長輩般的親切，讓人身處其側，有種在老者膝前閒坐的溫馨；無論是簡樸循古制的幾塊石頭堆砌、土塚形式，或演變出人形的素淨模樣，總有幾抹紅彩妝點，可能是長條布幔，可能是香燭對聯，還看過爲泥塑伯公臉上塗染的暈染桃紅，是一種被守護的安全、溫暖乃至喜氣的慰藉。

客家人稱土地公爲「伯公」，顯示他們與土地公的親近如家中叔伯般，以往忙完農事總會洗手淨身後，到「伯公下」（客家人對土地公壇的稱呼）燒香奉茶，包括孩童在內，經過伯公下也習慣駐足敬拜，不爲祈求什麼，彷彿只是對長者應有的晨昏請安。每逢年節，除了家中祭祖外，也必定要到庄頭的伯公下祭拜，供奉祖先佳餚美食，也不忘要孝敬伯公。印象最深的是童年的冬至，前一晚全家歡喜地搓出滿桌紅白色的小湯圓，隔天冷冷的清晨就會將熱騰騰的湯圓祭祖、拜伯公，紅紅的小湯圓，孩子總是要求多給幾顆，甜湯裡的紅色小湯圓，是一種甜蜜、幸福、溫暖與歡欣。

早年的土地公壇，並不像今天有著金身塑像、屋宇遮蔽的形式，在許多客家庄頭還可找到最原始的形制。伯公在歷史悠遠的農耕時代中，扮演的是保佑豐收、庇護社稷的角色，顯示人們與土地密不可分的關係。

曾經在苗栗西湖的鄉野間遇見一位要去拜「伯公」的「老伯母」，就在住家附近的竹林下，她斟上一杯茶、點燃一柱香，對著什麼

伯公溫潤的桃紅臉龐。（攝影／謝禮仲）

具體形態都沒有的地方敬拜、插香，頓時領悟，原來，這應該就是最原始的土地公的形象吧——種對土地的尊敬。

再「講究」一點的，就是幾塊石頭堆疊而成，有的會鋪上一塊紅布。想起一個古早的傳說，土地公原為周朝稅官張福德，愛民如子，享年一百〇二歲歸天後，接任的卻是魚肉鄉民的稅官，讓人們更加懷念他。一名貧戶撿了四塊石頭，堆起三面牆、一座屋頂的「小廟」膜拜，從此竟五穀豐收，人們紛紛仿效祭拜起福德正神。

到過客家庄的旅人，有時還會在郊野看見一座老樹下的大墳，如美濃東門樓外的「庄頭伯公」，有別於現今「員外造型」的印象，這種通天地的土塚形式，最早亦可上溯自商周時代的「社祭」。社是祭拜土地的，〈禮記・郊特牲〉裡記載：「天子大社必受霜露風雨，以達天地之氣也」，初民認為大地滋養生計，或設「土社」，或找一顆大樹為「樹社」，都為崇敬伯公。村人每日來此打掃、閒聊，孩子追逐跑跳甚至爬上土塚後方，也不會被罵，再次顯示伯公的親切。沒有「廟宇」形式遮風避雨，老人說，下雨是給伯公洗臉啊！比起現在許多住在神龕甚至怕遭竊而被「關」在鐵欄杆裡的伯公，坐在土地上，眼觀四面、耳聽八方的傳統伯公形式，似乎更有著天地人合一的意味。

客家土地公的管轄範圍，大可至社稷鄉里，亦有僅僅護衛單一住家者，傳統客家合院廳堂神桌下的「龍神」，便是這種形式。

石母造型反映了傳統客家婦女的形象。（攝影／謝禮仲）

對客家人而言，伯公如自家長輩般可親。（攝影／謝禮仲）

有的是塊小石碑，有的只用紅紙寫著「土地龍神」或「龍神」，無論閩、客，在新居落成都會進行安龍謝土的儀式，但只有客家人會在儀式後仍供奉龍神，讓祖先、子孫同享平安。此外，人們相信往生者是由土地公引領進入另一個世界，墳墓旁的「后土」也是另一種形式。

有著具體形象甚至「住家」的土地公，是後來逐漸演變而來，甚至越來越「華麗」，但初起時地方不知名匠師素樸的雕工造型，卻是最令自己喜愛的。

鄉下家屋附近或道路旁，還經常可見就地取材的石塊搭起的小土地壇，裡面沒有金身塑像，古樸的味道卻顯得親切無比，是一種無須形體但緊緊牽繫彼此的心靈相通。

客家村落中看到的形態化伯公，有的是在神龕石牆上以淺淺的線條勾勒出樣態，有的則是更立體突出，無論何種形式，在簡單的線條、表情、服飾搭配下，都流露出一種「素人藝術」的質樸，尤其是生動的表情，說他憨厚，更是一種沒有距離的和藹可親。個性內斂的客家人，在裝飾上也維持極簡的樸素，多數在伯公頭上或神像上方掛塊紅布，若干有塗彩者，用色也僅見溫潤的桃紅臉龐與黃色或土色的衣著，正紅或豔紅極為罕見。當然，隨著經濟條件改善與「希望伯公更體面」的崇敬心理，近期衣著華美、住家寬敞的伯公，也陸續出現，但容貌還保持著伯公獨有的寬厚慈祥。

客家庄還有一種與伯公同樣可親的特有神祇一石母，據說，凡是家中有比較難養的孩子，都要認石母為義母，經由她的庇佑得以平安長大。石母的形象也如同伯公一樣，有些沒有具象，有些則是慈祥如家中母親的造型，由其衣著髮飾，亦可看見早年客家婦女的傳統模樣。

在人與土地的關係逐漸疏離的今日，客家田莊裡的土地伯公格外令人珍愛。綠油油的稻田間，或老樹的濃蔭下，乃至住家附近的竹圍裡，素樸親切的容顏，讓住民、遊子獲得心靈平和的撫慰，適度妝點的一抹紅彩，牽繫著對伯公的崇敬，更是回流人們心中熱度不減的暖意。

坐落在綠色田野中的土地公壇。（攝影／謝禮仲）

頭上披掛紅布的土地伯公。（攝影／謝禮仲）

尋找台灣紅

人文篇

鐵道喜相逢

台灣鐵道上的紅，有[illegible]更多讓人回味再三的意涵，旅途中的紅色美景、見證歷史的紅磚建物、[illegible]紅色的森林小火車，都是在鐵道相逢的[illegible]

[illegible]

在鐵道的號誌當中，紅色總是帶有「禁止通行」的意義，這就像馬路上的紅綠燈，綠色通行、黃燈警示、紅燈停止。所以，火車駕駛看到前有紅燈，便知道要禁止通行，得把火車在號誌之前停下。

紅色，有著這樣嚴峻的「停止」意味，但是台灣鐵道上的「紅」，卻還有更優美、更懷舊、更多讓人回味再三的意涵。

台灣鐵道驚艷

對旅人來說，坐火車若能欣賞到窗邊美麗的花海，又有成群蝴蝶亂舞，那大概也會是相當美妙的一件事。

晃舞在平原上的火車，載著人們從城市到鄉村，從灰色的都市叢林到鮮豔色彩的美麗花叢。如果說，到北海道去觀賞整片粉紫色薰衣草是情人最浪漫的約定，那在台灣的內灣線鐵道邊，六月初夏時節的火紅鳳凰花，又何嘗不是一場羅曼蒂克的饗宴？

台鐵的內灣線，是從新竹分岐出經竹東到內灣的支線鐵路，為台鐵目前僅存的三條客運支線之一。該線日本時代已開工興築但並未完成，二次大戰後繼續施工，一九五一年九月全線至內灣通車。路線中最有名的花景，應該算是九讚頭車站了。這個車站附近，有著枝幹形狀奇妙的鳳凰樹，每年驪歌聲起的初夏時節，總有火紅的鳳凰花開滿枝上。

火車沿著青翠的山壁，傍著清澈的河流駛進內灣山城，鮮豔的火紅鳳凰花，是旅途中最亮眼的迎賓驚奇。

這樣的鳳凰花美景，我也曾在屏東線上看過。鮮豔的橘紅之花，配合屏東線的橘紅柴

阿里山森林鐵路的紅色車廂。（攝影／洪致文）

已停用的山線苗栗隧道為磚造山洞。（攝影／洪致文）

電機車，一抹熱帶南國的火紅之色，也是相當吸引人。

內灣線上九讚頭站的鳳凰花。（攝影／洪致文）

紅磚鐵道建築

除了鐵道邊的紅花，鐵道邊的老建築，也常常是用紅磚當作建材的。日本人迷戀紅磚建築，常常把這樣的老房子老建物用心呵護，當成發展歷史上的不朽「紅磚傳奇」。

台灣的鐵道建築，也有很多用紅磚當建材來興建。這些紅磚建物，在歷史洪流的沖刷之下，雖然豔紅的磚色逐漸黯淡，但卻散放更加深沈的光澤。一般民眾也許比較會注意到紅磚蓋的火車站，但其實隧道口的紅磚牆面與洞內砌襯，也常有紅磚遺構可以帶領你我進入過往的懷舊時光隧道裡。

像是舊山線苗栗之後的苗栗隧道，是一座非常漂亮的磚造山洞。北口彷彿城堡般的山洞口，有台灣總督兒玉源太郎所題的「功維敘」三個大字，是舊山線隧道口題有字的山洞當中，唯一一座一直使用到一九九八年停駛時，仍未被水泥敷面加以改造者。它的興建是從明治三十五年（一九〇二年）六月二十五日開工，隔年三月卅一日完成，花了不到一年的時間。

此外，橋樑，特別是早期用紅磚蓋橋墩，然後再架上鋼樑的鐵橋，也是種有趣的鐵道「紅」風景。

台灣鐵道歷史上最有名的一座紅磚橋，非「魚籐坪斷橋」的磚拱結構莫屬。這座有「台灣鐵路橋樑藝術極品」之稱的橋，融合了磚拱造型與大跨距鋼樑，曾是台灣鐵路最高的一座鐵路橋。它從北端算起，有接連四孔的磚拱橋基，然後連著一小段的上承式鋼

魚籐坪斷橋有「台灣鐵路橋樑藝術極品」美譽。（攝影／洪致文）

樑，再架一座跨距極大的上承式花樑越過魚籐坪溪，接著再接一小段上承式鋼樑、二孔磚拱橋基，才與陸地相連。它於一九〇七年六月一日完工，未滿三十年就在一九三五年的一場大地震中被震得半毀，而後拆得只剩磚拱橋基。

一九三五年的地震後，魚籐坪橋的鋼樑部份位移、倒塌，因此最後決定在其旁邊重建新橋；而這座斷橋，則在鋼樑卸下，敲去易掉落的龜裂磚拱部份後，一直留存至今，成爲山線永遠的地標，也是今天舊山線最「紅」的鐵路景色之一。

紅色小火車

台灣的火車，雖然裝飾上用著紅色，但是眞正全車以紅色爲主的，大概要算是阿里山森林鐵路的「紅色小火車」了。

歷史上，阿里山森林鐵路的興建，是在一九一二年十二月完成了嘉義到二萬平六十六點八公里的登山幹線，並於隔年正式進入營業期；至於二萬平到阿里山沼平（今天的舊站）五點三公里含二個分道的路線，則是在一九一四年才通車。這條登山鐵路運用各種天然的爬山地形一路上升，整段從竹崎以上的登山路線，隧道與橋樑之多是不難想像。

線路上的設計，以樟腦寮到梨園寮間的錐狀大繞三圈獨立山段，以及四次的之字形爬坡道最爲特殊。那錐狀的螺線爬坡設計，運用的是渾然天成的一座獨立山，讓火車從樟腦寮出發後，一圈一圈地轉。當它轉了二圈，最後再以一個8字形將第三圈繞出後，火車已經從熱帶林駛入暖帶林，而海拔也已上升了三百多公尺。至於登山鐵路後段的四次之形爬坡設計（Switch back），則又是另一個「阿里山火車碰壁」的鐵道傳奇。

這種火車的登山方式，是爲了牽就鐵道設計上的坡度限制（不可以太陡），但卻又因爲天然地形的侷限沒有太多的空間可讓鐵路恣意地選擇路線，只好以之字形的方法一退一進地上山。

在這樣特別的鐵道裡，塗裝成紅色的阿里山小火車，於鬱鬱蔥蔥的綠林間穿梭，一下子大繞錐狀獨立山，一下子前進後退地「碰壁」，讓山裡縹緲的雲霧裡，多了鮮豔的流動紅色身影，是台灣鐵道上的「紅」景觀之一。

火車的紅尾燈

雖然，除了阿里山小火車外，台灣的紅色火車不多，但火車的尾燈，卻是紅色的。

在黑夜來臨時，黑暗中前行的深夜火車，映著天上地下的光點繁星，時空流動迷幻前行。尾燈劃過軌跡，流逝的窗外風景，不斷拋下塵世裡的過往陳跡。

紅色列車、火紅花海、紅磚車站與橋樑隧道……，全都在暗夜中埋進黑色的世界裡。但是，尾燈的鮮紅光點，仍有著迷人的幻炫光影游移，它連接了白天的鐵道之紅到這深夜的尾燈紅光軌跡。

黑夜白天，台灣的鐵道之紅都不曾中斷，就像鐵道上的火車日夜奔走，走過一個又一個的時代，在這塊土地上烙下它的軌跡，成爲永恆的鐵道回憶。

尋找台灣紅

人文篇

鏡頭中的紅觀視界

[illegible]

從事影像創作二十年多，視覺不停地在接觸生活中形形色色的事物，自然而然對色彩敏感。

紅是光譜上的第一個色光，波長最長，折射率也最小，大家所確認的三原色之一。因爲紅色看起來很有活力又熱情，自然成爲喜事與幸福的象徵，也是有能量的色彩。我們稍微地留意一下週遭環境，視覺時常會不經意的遇見紅色，再深入回顧曾經旅行過的勝地，那些歷史古蹟與古典建築的裝飾，幾乎可見紅彩含情脈脈地常駐其中。

總之，人們認定紅色吉喜，只要家有喜事，社區活動、民俗、節慶，總少不了紅色妝點場面，也串聯了民俗、節慶、喜事、育樂、教化乃至人情禮數。紅色是超人氣的喜氣，是擋不住的濃情厚意。

對紅色的印象深刻，該歸功於小時候住鄉下的耳濡目染。鄉間的人情味濃郁又特別重視禮俗，因此有各種講究，諸如：娶新娘送訂的米香，用大紅紙包裹著更覺得討喜；酬神廟會、中元普渡殺豬公，得用紅布、紅紙鋪底，顯得愼重其事，另備大桶子預備裝熱紅的豬血。此外，記憶中的店家招牌、春聯也是紅透天，當然還有回憶無窮玻璃瓶裝的可口可樂。

童年的經歷，讓紅色成爲引人入勝的人文情境之背景色，我養成觀察人們對紅色形象的反應，包括社交、節慶、禮俗等，透過攝影瞬間捕捉，藉定格影像經典編輯，展現那紅色象徵：傳遞熱情、活力、幸福的喜氣，提供給大衆觀賞、閱讀和對話。

近幾年與大陸頻繁的攝影交流，活動揭幕儀式均少不了大紅襯底的白字幕，還有串串的大紅燈籠高高掛，那可眞是鮮紅的場面。

民俗廟會的八家將。（攝影／鐘永和）

相較台灣紅的溫潤，特別是帶點粉的桃紅，叫人一看就心曠神怡，這份美麗，從我們的民俗廟會、節日喜慶的裝飾，都可以窺其堂奧。像廟建醮神明聖誕慶祝活動，祭祀供品中的麵龜、紅龜糕、金銀紙紅印以及那金爐內焰紅的香火；或是為年長者祝壽紅壽桃、壽聯以及結婚喜幛、請帖、喜盒等，都實實在在的呈現了人文的台灣紅。再舉更寫實的現象為例，每天外出街道十字路口紅綠燈，喧嘩夜市攤商招牌，和林林總總標示的數字，也是一種道地的台灣紅。

涵蓋人、事、地、物的台灣紅，不只是現象而已，我們如果能帶著愉悅心情去感受，藉此盡情地對話，營造共同的磁場、相同頻率的情境，相信在生活上會為彼此找到更有意思的動靜空間。

請示神明的籤筒。（攝影／鐘永和）

用大紅紙包裝的喜餅。（攝影／鐘永和）

紅紅的麵龜。（攝影／鐘永和）

尋找台灣紅

人文篇

每到歲末年終，都市的容貌因為耶誕、新年而改變，我心底就想起這首旋律：「去年我回去，你們剛穿新棉袍；今年我來看你們，你們變胖又變高。你們可曾記得，池裡蓮花變蓮蓬，花少不愁沒有顏色，我把樹葉都染紅。」這首由黃自作曲、龍渝生作詞的歌謠《西風的話》，在童年的音樂課上傳唱，我這一輩唱過，我女兒那一代也唱過，相信它已是陪伴台灣人成長的共同旋律。

如果說有什麼顏色能反映台灣的容顏，我想，源自這片土地上的風土人情、故事、回憶都是我心中最美麗的台灣色。《西風的話》以西風為第一人稱描述因季節更替，大地也一直在換妝，或許有些人像是粗心的老公，每每總是不注意老婆的精心打扮，我們所生活的社會都市人群每天也都有變化顏色。我因為工作的關係，更加注意歌詞中所描寫的大自然的顏色變幻─「花少不愁沒有顏色，我把樹葉都染紅」。我心中的台灣紅，並不是單一種顏色，而是萬紫千「紅」，奼紫嫣「紅」的紅。這也很像現今台灣社會，一個多元文化的環境中，誰是大「紅」人？或是什麼是當「紅」炸子雞的產品？恐怕答案也是多元的。

我經常感佩大自然是最佳的調色師，能創造出如此豐富的顏色。我們肉眼能辨識顏色，是由於光線照在物體上再折射到我們眼底；從色彩學上來說，顏色是由紅、黃、藍三種原色所構成。三原色互相搭配就能調出各種顏色，一般人大約可以分辨幾千種顏色，經過專業訓練的調色師可以分辨二至三萬種顏色變化，而印表機已經可以印出四十億種顏色變化，但卻依然無法印出大自然色彩的千變萬化。

EPSON擬真複製常玉的畫作，栩栩如繪。（提供／大未來畫廊）

數年前，EPSON研發Print Image Matching技術對影像的輸入必要環境作個別紀錄，並將資料傳達到印表機，目的就是要讓自然的色彩在列印時能原色重現。現在已有Sony、Casio、Ricoh等十一家廠商採用這種技術。但光是紀錄忠實眞彩仍是不夠的，還要有重現的技術。再以奧萬大的楓紅為例來說明好了，數位相機能分辨滿山遍野的橘紅、桃紅、粉紅、紫紅、酒紅、棗紅、洋紅、緋紅、酢紅、赭紅……，但是印表機器印得出來嗎？即使分色正確，那麼層層疊疊的各色楓紅在列印時會不會暈染成一片？

EPSON有把握做到數位列印第一品質，是由於擁有微針點壓電印字頭，運用微電子控制墨水的噴出量，精細度已達奈米，不同其他用熱能燒墨水讓墨水爆破噴出來，電能和機械能控制噴墨的精密度是不同的。微電子噴墨的好處是定位準確、解析度高，因此對墨點大小控制精密得宜，更省時省能源。

EPSON的這項獨門列印技術，也讓台灣愛普生對文化創意產業有所貢獻。

台灣故宮博物院擁有數百萬中華文化珍寶，一直是外國賓客來台必訪之地；過去外賓參觀完故宮，只能買廉價的複製品作紀念，如今，他們可以買到精緻的數位擬眞書法與繪畫，以收藏家的心情擁有故宮珍藏的書畫。這個改變即是源自台灣愛普生所推動的商業模式「新墨文化」。

台灣愛普生以Color Imaging核心技術，爲故宮印製珍藏書畫，這個構想從一九九八年開始討論，到二〇〇二年底才愼重推出產品。由於這項產品集古代的紈墨丹青和今日高科技於一身，引此命名爲「新墨文化」，這個「新」字，除了指出擬眞複製技術的創新、博物館典藏的數位化，也代表著商業模式的更新。

我從數位影像工作的經驗，來看台灣精神與文化，若要說什麼顏色能具體代表，是紅色嗎？從楓紅到胭紅，現代科技能爲我們提供萬紫千紅的各色選擇，但是眞正的顏色其實是由我們的心來決定。蘇東坡有一次在批示公文後，一時興起，拿起毛筆用紅墨畫起竹子來，自己覺得畫得不錯，拿給旁人欣賞。旁人說：「竹子是畫得不錯，不過在世間好像沒有紅色的竹子？」此時蘇東坡回答：「那世間有黑色的竹子嗎？」所以說，對於顏色，要有一份人文的關懷在其中，奼紫嫣紅都美麗！（整理／王慧婉）

自然篇

尋找台灣紅

自然篇

桃紅 一年又逢春

每年的春天，好像都是從森林小徑開始點燃的。

那時，或許是最後一道冷冽的寒流即將離去。你坐在陽明山的某一條步道旁休息，登山鞋旁邊的胡麻花，悄悄地將火球的花朵綻放了。

這時，春天就帶著桃紅的溫暖色澤外出。從森林飄泊到城市，從海岸漫遊到高山。一年的旅行就此開始了。

緊接著，你回到城裡，那溫暖的色澤也下了山。從一株株山櫻花枯瘦的枝椏，悄悄地迸發出來。比嫩芽和葉子的綠色，都還早迎接細雨。

這時桃紅，應該是某一個旅遊節慶的愉悅。你慢慢從報紙知悉，甚至聽到，有些朋友興奮地吵嚷著，要到阿里山賞櫻。你也從電視上，看見那往高山穿梭的小火車，在落英繽紛的花海中，駛入了八重櫻、千島櫻和吉野櫻的家園。或許，沒隔幾日，你也動起觀賞的意念，陷入陽明山交通管制的車潮，只為了參加北邊櫻花的盛會。

但這只是初始，猶如大海的漲潮。一波接著一波的浪潮後，才會沖刷出嘉年華會的氣氛。這時春天終於暖了，深了。桃紅是屬於熱鬧而忙碌的。大地像滿潮的沼澤，不安地騷動起來。杜鵑家族開始辦理川流不息地饗宴。台灣最開闊、活潑的花海，從南到北，一路恣意地盛開。西施、烏來和守城滿山紅等，連植物學者都難以辨識的物種，扮演著要角，引領著紅、白二色的金毛和紅毛杜鵑等親族，染遍了整個島。

但更精彩的或許是配角。庭院裡的通泉草、紫花酢醬草，街道上的紫藤、羊蹄甲，山裡的水蜜桃、杜虹花、野牡丹，或是高山

南湖柳葉菜喜生長於陽光充足的裸岩地形。（攝影／呂勝由）

的毛地黃、台灣繡線菊。又或者很隱密森林裡，你可能一輩子不曾聽聞，看了也會忘記，甚至永遠不會見到的，紫苞舌蘭、長距根節蘭、台灣喜普鞋蘭……。唉，你或許會問，爲什麼植物總是取那麼長的怪名字。

還好，我們不是植物系的學生。我們只要知道，它們都生長在台灣。這些遍佈各個環境，數不清種類的累積，讓我們的島，不小心地擁有了，全世界最多的桃紅。那時，如果用衛星遙測，春天的台灣，很難只是綠色。

接下來，才是一種分享。饗宴繼續在各個鄉鎮發生。北部的三芝、觀音，南部的白河、六甲，或者花東縱谷的馬太鞍，桃紅會蘊釀豐腴的氛圍，用巨大的蓮花葉子，在平地的水塘、湖泊，烘托著一整個夏天。在三千公尺的高山，一樣不寂寞。每條山徑的玉山蒿草、阿里山龍膽和南湖柳葉菜，這些依舊充滿區域地名，冗長又難記的台灣特有種，都簇擁著自己的小小花團，向藍天報以明亮的微笑。

在這饗宴的尾聲，桃紅彷彿疲憊了，才悄然地有了一種矜持。在庭院的山茶身上，這些被騷人墨客譬喻多了些妖嬈、豔麗的庭園植物，就有一種較爲淡雅的原色。到了山野的丘陵，我們更得耐心等候，在黃昏時的山芙蓉身上，才找得到一抹倩影。

所幸，在城市的街道，還有美人樹，在樹枝的末梢，簡樸地點綴著。這樣內斂的姿勢也被葉子暗綠的洋紫荊銜接了，把那色澤更加凝聚。像耶誕節的燈火，在學校、公園延續到歲末冬寒。

其實，多數的桃紅都隱匿了。似乎只有在偏遠地森林裡，在那森冷而陰暗的潮溼角落，才能看到蔚成一片瑰麗的清冷。那多半是馬藍科的花朵。尤其是我們的祖先在二百年前栽植的大菁，正以飽含光澤的豐饒，鋪陳在森林最下層，安穩地渡過冬季。

那時，假如我繼續回到森林小徑，勢必會邂逅那森冷的花海。但我只知道，這是今年最後一片桃紅了。那冷意正在轉化。有些又集聚在我腳邊，那株我所熟悉的小小野草。

這台灣最熱情的原色，胡麻花的花苞又儲存了一個冬天，準備再釋放了。

在庭院常可發現紫藤身影。（攝影／呂勝由）

金毛杜鵑全株密佈金黃色線毛。（攝影／呂勝由）

杜虹花由許多小花密
集成錦簇的花團。
（攝影／呂勝由）

紅毛杜鵑是台灣特有
種。（攝影／呂勝由）

西施花有淡淡香味。
（攝影／呂勝由）

尋找台灣紅

自然篇

在全球氣候漸趨暖化的影響下，慣常在春節後開花的山櫻花，卻提早在年末的耶誕節前夕開始綻放，冠羽畫眉也不時地穿梭在花叢間，一邊汲取花蜜，一邊傳頌著吐米酒、吐米酒……的悅耳聲音。

或許大家都有這樣的看法，賞櫻一定得到日本才行，其實在寶島台灣就有山櫻花、太平山櫻花、霧社櫻等多種台灣原生的櫻花種類，其盛開景況似乎一點不遜於日本的櫻花，其中每年的台北烏來櫻花季、陽明山花季，山櫻花正是花季中亮眼的最佳女主角。

迷戀台灣氣候與土地的山櫻花，稱得上是台灣最常見的野生櫻花，分佈在海拔約兩千五百公尺以下的闊葉森林中，其因爲多在寒氣濃厚的早春中綻放，加上花朵色澤緋紅，因此又有著浪漫的名字一緋寒櫻，也或許是山櫻花在春節綻放的巧合，以及披上中國人最喜愛的紅色基調，因此深受民衆的青睞。

洋溢著貴族般典雅氣息的山櫻花，綻放時呈下垂鐘狀，經常以三至五朵的方式聚集在一起。除了深受民衆喜愛的花彩外，當山櫻花盛開之際，幾乎全株都是不長葉子的狀態，根據植物學家的推測，山櫻花會有這種先開花、後長葉子的生態現象，其成因可能是山櫻花爲典型溫帶植物的關係。

一般來說，溫帶植物的生長季節較熱帶植物短暫，因此，溫帶植物全力將營養成分提供開花結果之用，所以只好集中能量在開花的階段，然後再慢慢長出鮮翠的葉子，也因此在繽紛的植物生態中，「先花後葉」的生長節奏，植物學家將之視爲溫帶植物的特徵。

此外，有些植物也選擇在蕭瑟的寒冬大展身手，中、高海拔常見的玉山假沙梨，以出現頻度甚高的機率，出現在公路、林道、山徑邊，秋冬的玉山假沙梨，雖沒有山櫻花艷麗的花朵，卻結出鮮紅的球狀漿果，安靜地體驗台灣山林的脈動。

而花蓮富里、玉里一帶的波斯菊，也在寂寥的花東縱谷上，隨風搖曳，開著熱鬧非凡。也難怪日本文學作家川端康成在其文章中，以「……深知秋意的波斯菊呀！總是擎著輕輕的粉紅，仰頭望著秋陽……」形容優美的波斯菊。

強烈的東北季風，使得粉紅的波斯菊搖個不停，在捨不得的心境下，我離開波斯菊的壯麗花海。隨即往海岸山脈的方向開去，我以毫無目的的方式，隨意走近一處植被還算不錯的次生森林，紫花酢醬草點綴在白匏子的樹蔭下，或許紫花酢醬草的地下莖屬於鱗莖形態，因此可以從鱗莖旁長出其他更小的鱗莖，以致於遠看紫花酢醬草時，都是一叢又一叢的小花海。

當山櫻花、波斯菊相繼落幕後，桃花、杏花，再度粉墨登場，以同步連線的方式在全島開展芳澤，而紫花酢醬草依舊在春、夏、秋、冬四季呈現最美的紅色氣氛。

粉紅色系是波斯菊最常見的花色。（攝影／陳應欽）

玉山假沙梨是中高海拔秋冬最具代表性的紅果植物。（攝影／陳應欽）

紫花酢醬草多在春天開花。（攝影／陳應欽）

鳳凰木是鮮紅色系中深具代表性的大型樹木。（攝影／陳應欽）

右上：懸鉤子屬植物鮮紅可愛的果實。（攝影／陳應欽）
右下：山櫻花的花朵色澤緋紅。（攝影／陳應欽）

尋找台灣紅

自然篇

花了很多時間去尋找一種我不太熟悉的顏色—桃紅色。一時之間家裡的廣告單、洗髮精的瓶罐、椅套上的小色塊、女兒的髮飾，全成爲我參考的指標。但是，辨認桃紅色的困難是，你必須徘徊在粉紅與紫紅的色譜之間，最後只能任憑心證。上網一查，你會發現擁有最多「桃紅色」的地方，居然落在「情趣商品」的店裡。

或許「桃紅色」正象徵著一種「原始」的本色，一種帶著刻意的挑逗，就像是大自然中，對於負責繁衍生殖的花朵本體來說，擁有「桃紅」的誘惑姿色並不稀奇，但是結果後的顏色，則以艷紅艷紫爲大宗，似乎多了一份喜慶的飽滿，以及堅實的安定。然而，多變的欒樹蒴果能由豆沙紅逐漸轉爲褐色，在充滿魔幻的過程中獨缺「桃紅」的存在。甚至月桃的紅色果串中，紅中帶橘，就是與「桃紅」無關。印象所及，只有雀榕結實累累的粉嫩鮮果上，帶著微暈的桃紅色彩，另外，馬鞭草科的紫珠果實，由紅轉紫時，會過渡到「桃紅色」的階段吧。

我在記憶中跋涉，希望能與「桃紅」相遇。翻翻手邊的鳥類圖鑑，卻發現台灣四百多種的鳥類身上，「桃紅」似乎是不太常被蒐藏的顏色。我不放棄地仔細比對，終於找到兩個幾乎被「隱匿」的關連。一個是黃鸝的嘴，另一個是高蹺鴴的腿。

剛開始有些沮喪，爾後反覆思量，發覺其中自有「深意」。黃鸝雖以「黃」衣現身，但歌藝不凡，人稱「黃鶯出谷」，其悅耳的鳴唱正出自於那張「桃紅」小嘴。我曾在淡水忠烈祠的老楓香樹下，傾聽牠謳歌的動人表白。過去唐朝詩人韋應物也寫過「獨憐幽草澗邊生，上有黃鸝深樹鳴」的句子。那曾

燦爛如花的圓管星珊瑚。（攝影／李進興）

雜色龍蝦有對桃紅色大觸角。（攝影／李進興）

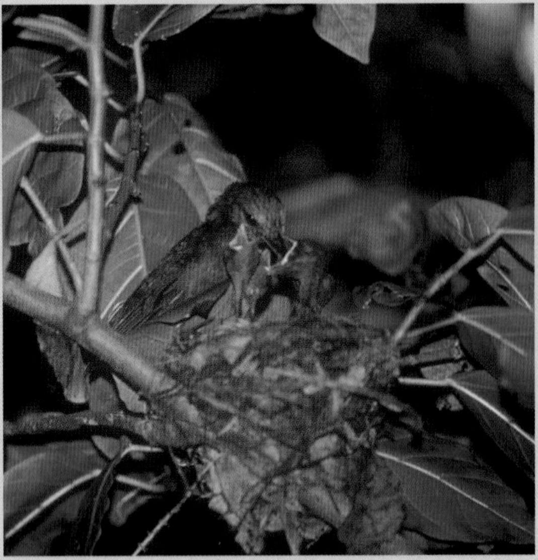
棕耳鵯歌聲嘹亮。（攝影／李進興）

隆背瓢蟹在特定光線下會反映桃紅光彩。（攝影／李進興）

經漫天飛舞的黃鸝，已逐漸凋零成少數民族。如今獨頌孤鳴，難得森林迴響。正如同牠那被自然揀選的「桃紅」鳥喙，在眾多鳥影中，顯得何等「異軍突出」。大多鳥兒口著灰黑色，不然就是正紅或是鮮黃。唯獨黃鸝抹著桃紅亮彩，自成一格。

另一種與「桃紅」有關的飛羽，則是那杵著修長雙腳的高蹺珩鴴。每到冬日，你經常可以看到這種候鳥，在台灣西部的河灘與水田上出現覓食。那「桃紅」雖不在羽翼綻放，卻留在牠那一雙筆直的美腿上，姿態優雅的踏水而行，舉步輕靈，絕不驚擾到那待入口中的美食。當牠凌空飛過，攏起的雙腿，在身後獨自放任。畢竟那「桃紅」是醒目的焦點，否則又為何被冠上「高蹺」之名。

另一個發生在鳥類世界的「桃紅」色，則是反應在雛鳥的身上。你一定曾經看過那樣的畫面，一隻親鳥正照顧著一群嗷嗷待哺的小鳥，望著那群從巢中探頭而出的裸身幼鳥，那一隻不是全身裹覆著粉嫩的「桃紅色」？就像是嬰兒的小手小腳，讓你忍不住想去貼近，猛吸一口那甜甜的乳香。

受到鳥兒的觸動，我開始在圖鑑與幻燈片中尋找「桃紅」線索。於是，我發現了一隻在澎湖拍攝的雜色龍蝦，這種龍蝦體型可長達三十公分，台灣沿海都可以捕獲。牠的全身帶著藍綠色，本為虎虎生風的慓悍之姿，卻張揚著「桃紅色」的大觸角，好像是黑社會大哥，硬掛著一條桃紅色的領帶，總覺得有些詭異。

還有兩隻在台灣礁岩海岸邊潮間帶上活動的螃蟹，同屬於瓢蟹科，一種是紅斑瓢蟹，一種是隆背瓢蟹。在特定的光線下，牠們的身上都會反映著屬於「桃紅色」的光彩，尤其是紅斑瓢蟹上的十一個圓形斑斕，顏色更是介於深桃紅到紫紅色之間，十分豔麗。只是，這兩種螃蟹都曾發生過人類誤食中毒的事件，難道那「桃紅」是大自然的另一種警示之色？

我在一本書上，獲得另一種提示。那是一

紅色的金花鱸魚群。（攝影／郭道仁）

棘穗軟珊瑚色彩艷麗。（攝影／李進興）

種我們經常可以在河口泥灘上看到的螃蟹，牠和其他螃蟹最大的差異是：「牠是直的走」，這種全身圓滾滾的螃蟹，稱作「短指和尙蟹」，牠們喜歡聚集成團，有如聲勢浩大的「兵蟹」大軍。雖然牠的背甲是淡藍色的，但是牠的細長步足的末端，卻抹上「桃紅色」。就像是輻射的八條熱焰，撐住一身的冷藍。

你也許會說，這麼一點「桃紅」也算？如果看得不過癮，那就下海去找吧。佔地球面積百分之七十的海洋裡，一定少不了「桃紅色」。我相信，其實最美麗的顏色都會聚集於璀璨的珊瑚礁裡。

台灣的珊瑚礁主要分佈在綠島、蘭嶼、小琉球、澎湖群島這些離島，以及本島的恆春半島、東北角、東部海岸的三仙台等地。根據調查，台灣的珊瑚礁魚類有兩千多種，非常多采多姿。如果我們隨著「桃紅色」金花鱸的引導，將會走進一片繽紛的海中熱帶雨林裡，在這裡我們可以找到兩種「桃紅色」的珊瑚，一種是圓管星珊瑚，另一種是棘穗軟珊瑚。這些珊瑚都是珊瑚蟲經年累月下的創作極品；個個「精雕細琢」，「鬼斧神工」，但是正因牠的「桃紅」魅力，讓貪婪的人類將牠占爲己有，並由自由的深海落入了幽閉的珠寶盒裡。

「桃紅」，終於掉進到它自身的陷阱裡。然而，「桃紅」本無意撥弄，卻讓我如此躊躇深思。而我仍在這片紛亂的拼盤中，希望解構出關於「桃紅色」的鮮明意象。原來，與「桃紅」相遇，是如此不確定的追尋，但是我卻可以十分肯定地說，在各種自然萬物的身上，你一定找得到屬於它的「位置」。

尋找台灣紅

自然篇

海濱紅花毯

從海上遠望台灣，首先映入眼簾的是海濱植物世界，在蓊鬱的深綠到清脆的淺綠之間，更裝點著各色花朵，從清淡粉紅直到濃郁的紫紅，完全展現出島上旺盛的生命力。

◎鄭元春
（國立台灣博物館植物組組長）

◎許毓純
（國立台灣博物館植物組研究助理）

台灣是個美麗的海島，葡萄牙人在海上遠望時不禁發出「福爾摩莎」的讚嘆，登上台灣土地時，映入眼簾的更是多樣化海濱植物世界；無論是嬌小的嫩草、挺拔的樹木或是蜿蜒強韌的蔓藤，在蓊鬱的深綠到清脆的淺綠之間更裝點著各色的花朵及果實，以「紅」來說，就可尋出清淡粉紅直到濃郁的紫紅，完全展現出台灣島上旺盛的生命活力。

棋盤腳

Barringtonia asiatica (L.) Kurz.
玉蕊科Lecythidaceae

不論站在海岸林裡面或者海潮旁邊的珊瑚礁上，我們都可以清清楚楚地看見這種樹，因為它是林子裡頭最高大、最醒目的主角。

只要聽到「棋盤腳樹」這個名字，任何人都將興起好奇之心，急於想知道名稱的來由。為了不掃大家的興，趕緊將它的「果實」給找出來，請看那寬陀螺形的果兒，末端尖尖的，基部方方的，從側面看，像個有稜有角的肉粽；從基部瞧，則像塊墊著腳的方形棋盤，所以才稱它「棋盤腳樹」或「墾丁肉粽」。

想要看見棋盤腳樹的紅，還不是件簡單的事呢！因為它那粉撲狀的美麗花朵，只在晚間開放，雖然花瓣不是紅色的，但那渲染著淡紅色的長長花絲才是整朵花的注視焦點，柔美姿態加上隱約的清香，一定得找個時間目睹才過癮！

天人菊繁殖力驚人，廣佈於澎湖群島及台灣北部海岸。（攝影／鄭元春）

棋盤腳樹是海岸林裡最高大醒目的植物。（攝影／鄭元春）

濱蘿蔔即野生蘿蔔，體型稍小於一般的
食用蘿蔔。（攝影／鄭元春）

南國薊全身長滿銳刺。（攝影／鄭元春）

濱刀豆

Canavalia lineata (Thunb.) DC.
豆科Leguminosae

濱刀豆是典型的匍地性草質藤本，生長勢極為強健，能以多數的分枝及節節生根的本領，在砂礫灘形成優勢的聚落，可謂是砂礫灘上的強者。

不論夏天或是冬天，濱刀豆似乎都有開不完的花，點點的紫紅前仆後繼，長橢圓狀的刀形果莢的跟著長出來，由於總是以海濱的砂礫地為家，所以有「濱刀豆」之名。

濱排草

Lysimachia mauritiana Lam.
櫻草科Primulaceae.

海濱的沙灘或礫石地對生物的生存具有相當的挑戰性，冬天面對是東北季風的冷風吹襲，夏日還得置身高溫的土壤中，加上終年鹽霧和飛沙的不斷侵襲，海濱植物們都得練就一身獨特本領，學習耐旱、耐鹽、耐風、耐溫差的能力，濱排草就利用特化的「肥莖厚葉」，化解這些生存上的難題。

在春夏開花季節裡，濱排草還會開出漂亮的桃紅小花，花數眾多，遠遠的就會吸引大家的目光前往欣賞，配上肥厚油亮、層層排列的綠葉，相當討喜可愛；在不同生育地花色會有變淺或純白的變化，更增添它多變的迷人風采。

馬鞍藤
Ipomoea pes-caprae (L.) Sweet.
旋花科Convolvulaceae

馬鞍藤是典型的砂礫灘植物，在衆多植物無法立足之前，它就利用高明的生存技巧，先以單純的蔓莖「試探」新環境，再逐漸地分枝擴散，終至攢聚了衆多的砂土，不但改善自身的生存環境，同時也提供其他植物新的生活天地。

在衆多的海濱植物中，馬鞍藤紅紫色的花最大、最嬌豔也最有聲勢。藉著開疆闢土的能力，四面八方的擴展地盤，族群越是龐大，花數就越多也越美，在許多開闊的寬廣沙灘上，它的花海簡直就成了絕妙繽紛的花地毯，封爲「海濱花后」一點也不過哩！

南國薊
Cirsium japonicum DC. var. australe Kitamura
菊科Compositae

南國薊和許多同屬的兄弟可以說是草本植物中的「鐵甲武士」，得天獨厚地在葉片上特化出了許多尖刺，每當它開出美麗誘人的粉紅花朵，總讓人忍不住想親近，卻因生來的全副武裝，使人敬而遠之；即使是動物們見它長得比其他植物肥大，想痛快地吃一頓，也只能知難而退；所以除了人類的鋤頭與鐮刀以外，它幾乎是找遍天下無敵手，想在那兒生長，就在那兒定居，通常它比較喜歡開闊一點的環境，路旁、山野及海岸附近都是經常出現的地方。

夏枯草
Prunella vulgaris L.
唇形科Labiatae

一般人的印象中，植物總在春天恢復生機，冬天凋零落葉；但是夏枯草卻非常與衆不同，早春發出茂密的莖葉，春末夏初在路旁、林緣、草坪上，一群一群成串的紫紅花朵緊鑼密鼓的吹奏著生命圓舞曲，等到炎熱的夏天一到來，地面上的莖葉、花序則逐漸枯黃凋萎。

不過這並非生命的結束，因爲它是一種多年生的草本植物，此時地下部分的根莖早已準備好來年的養分休眠去了，等到下個春天來到，它又會再次的展現魅力，開出美麗的花朵呢！

除此之外，像是濱旋花的淡紅花朵配上三角心形葉片，十分精巧秀氣。開著漸層紫紅花的濱蘿蔔，長得很像一般的蘿蔔，就是小了一號。外來的植物也同樣在台灣安身立命，比如北美來的天人菊，它強健又剽悍的天性，經常一大群的在海濱雄霸一方。海濱的紅花植物實在不少，如果有機會請到海邊走走，吹吹海風，賞賞海景，也看看海邊這些身處艱困之地，努力綻放紅花的海濱英雄們，感受一下它們旺盛的生命活力吧！

尋找台灣紅

自然篇

咬一口紅

嘴裡號稱澎湖紅蘋果的野生仙人掌，如果不是那樣咬一口，幾曾見得真正自然裡的紅。

◎[illegible]
（植物作家）

到澎湖去，那樣一個苛旱野烈的地方。夏天酷暑，冬天野風朔大，鹹水煙風，吹得人掩面走避，直不起腰來。

鹹水煙風下的澎湖植物，粗略放眼，不外銀合歡、瓊麻、龍舌蘭。旱地植物，要有些求生本能，但澎湖縣花，又有出落得那樣不落檯面的天人菊。不過，不管什麼植物，對一般遊客而言，行在海邊，可能永遠看不懂沙岸上的蔓荊或者濱防風，但是絕對不會有人不認識號稱澎湖紅蘋果的野生仙人掌。

在澎湖沙丘、沿岸走著走著就是一叢棘籬尖刺的仙人掌。粗皮圓筒狀的老莖上，生著扁形大片的嫩莖，嫩莖上的黃花堪稱嬌美，但讓許多尖刺圍著，花謝後結成漿果，倒卵狀橢圓形的漿果，內藏多數種子，成熟時轉爲紫紅色或赤紅色。

十月的時候我在澎湖島上，從一個十元，一個五元，到三個十元，隨處都有人販賣。這樣的紅色果實可以生食。好奇的時候一個十元也忍不住買來試試，因爲荒野的果實看得採不得，一身尖刺極不友善。澎湖人拿了長竿，專業採果的人是要有工具的，做爲一名遊客，花個十元滿足好奇，也算是對採果人專業的尊重。

這東西吃的時候，還得小心棘刺，一剖兩半，紅赤赤的汁眞是火烈驚人，一口咬下去得有些勇氣，因爲那顏色紅到近乎乖戾，但是爲了體會，我和朋友都義不容辭的率先示衆。一口酸汁，盡是種子，我們一人嘗試一個，啜吮得汁不多，但剔出來的種子可不少，顆顆火赤。吐在掌上活像挨了一記悶根，和血打脫一口恆齒，數量之多，不下三、五十顆。我審視著掌上的仙人掌種子，一把散出去。這種被稱爲澎湖紅蘋果的仙人掌，以這樣的繁殖機制，又能適應各種性質的土壤，何止驚人，難怪島上到處都是它的群落了。

種子散出去了，掌上紅得像著了火，這還不打緊，我和朋友互望一眼，兩人都覺得對方像剛復完仇的吸血鬼，一口紅汁，從舌齒之間直直紅到嘴邊，兩唇外翻一般，獠牙陰鷙，我們雙雙都噬飽了血。互相調侃裡，這是紅色的可怖，什麼紅可以紅到這般艷紫，澎湖仙人掌著實令人印象深刻。

這樣的果實雖可生食，但更適合拿來做成果凍、果汁，澎湖的特產之一便是仙人掌冰。機器裡刨出一碗雪白的冰，上面澆了一層紫紅的仙人掌酸汁，迎著海，手裡端著一碗風起雲湧的紅霞，島上的遊客，吃仙人掌冰的遠比直接吃仙人掌果實的人多。或許面對枯荒的大海，唇色吃得紅成那樣，看上去有些不像眞的，可是失眞不也是一種存在的方式。嘴裡的仙人掌，如果不是那樣咬一口，幾曾見得眞正自然裡的紅。

尋找台灣紅

自然篇

紅色水精靈

如果你曾在網路上搜尋〝Fern〞這個英文單字，相信你一定曾發現〝Where the red fern grows？〞這本書，或許你也跟我一樣心中充滿疑惑：那眞的是一本描寫紅色蕨類植物的書嗎？告訴你，我也不知道，但我知道在台灣哪裡可以找到紅色的蕨類植物，走！讓我們從你我身旁找起！

提到花花綠綠的植物世界，相信包含我在內許多人第一個想到的一定是目前主宰著地球生態系的開花植物。沒錯，花、果實及種子的確讓這個世界變得多采多姿，幾乎你想像得到的色彩，都可以在開花植物的花果身上發現，豐富的色彩吸引昆蟲及其他動物幫她們傳粉、傳播果實及種子，然而這並不是說其他的陸生植物都僅僅只有單純的綠色調。蕨類植物是一群藉由孢子繁衍的維管束植物，綠色或褐色的孢子只需借助風的力量就能完成傳播的目的，沒有花果這些表演舞台，蕨類植物直接將顏料揮灑在她們變化多端的葉片上。接下來介紹的紅色蕨類植物，將會讓你從此對蕨類另眼看待！

這裏要介紹的紅色蕨類植物其實是指在她們葉片的一生中（從捲曲幼葉到枯萎掉落），至少有一段長時間她們是被覆著紅色外衣的，在當時的葉肉中葉綠素或者尙未形成，或者才剛分解褪去。葉綠素讓絕大多數的植物披上一件綠色外套，許多植物在新葉開展時葉綠素並不會馬上形成，因而顯現出來的是其他色素如花青素的色彩，這也是爲什麼春季的森林總能形成一幅最自然的水彩畫。秋天的紅葉則是另一個故事，許多植物爲了克服寒冷的冬季或缺水的乾季，選擇了落葉這種方法，聰明的植物在老葉掉落以前會趕緊將有用的養分搬到枝條等其他部位，

東方狗脊蕨葉片上冒出紅色的不定芽。（攝影／張和明）

雙扇蕨鮮紅的葉片。
（攝影／張和明）

這其中包括建構葉綠素的元素，最後留下一片片或枯黃或火紅的葉片。

我想，或者我認爲，台灣的蕨類植物中最令人印象深刻的，莫過於東方狗脊蕨那布滿葉片上的桃紅色不定芽，雖然東方狗脊蕨的幼葉也是桃紅色的，但終究不如那幼芽討喜，桃紅色不定芽長滿的葉片，看起來就像許多紅色小精靈在草地上跳舞。隨著每一株幼芽上那片水滴狀的小葉片由桃紅色轉變爲翠綠，小小的幼芽也就準備好跟隨著雨滴去流浪，展開她一生未知的旅程。生長在台灣的狗脊蕨家族成員的幼葉或多或少都帶有著紅色調，從磚紅、桃紅到深紅，或許是宿命，或許是血統使然，而這也使得她們成了春天時最亮眼的一群蕨類植物。

春季的森林是多彩的，除了狗脊蕨，許許多多的蕨類植物也等不及要展示她們華麗的新衣。雙扇蕨即是其中之一，破傘狀的葉片有如數隻蛇蟒同時吐出火紅的蛇信，不知是否曾嚇著了無知的登山客?在森林底層也是很熱鬧的，悶了一季的扇葉鐵線蕨，爭先恐後的冒出頭來，其黃豆大的桃紅色小羽片有如仙女裙擺邊掉落的亮片，頓時森林便亮了起來，也讓行走在林下的遊客駐足百般憐惜。除了地面，在樹上也有一群紅色的蕨類在向你招手，海州骨碎補便是最常見的一種，這是一種特別的蕨類植物，詭異的名號卻有著細緻的葉片，而她那火紅的嫩葉在陽光的照射下甚是耀眼。

到了秋冬季節，有些蕨類也展現出如楓葉般的火紅。滿江紅即是最準確的報時員，只要到了冬季，池塘裏或者水田邊便覆蓋著一片的深紅，宛如爲大地舖上一張紅色的地毯，讓人暫時忘記北風的寒冷。而如果你再仔細觀察，可以發現滿江紅的紅是由葉片邊緣開始的，就如同是人類總是從手腳最開始冷的。在冬季暗沉的森林裏還有另一種讓人眼睛爲之一亮的蕨類—小膜蓋蕨，這是一種十分討喜的蕨類，裂片極爲細緻的她，在森林裏終年都受到矚目，從新葉時的嫩綠到凋萎前的橘紅在在都吸引著人們的目光，勇敢的她以纖細的身軀與寒風最後一搏，換得的是一身火紅及人們驚歎。

看過這麼多的紅色蕨類，你不會再認爲蕨類植物只有單調的綠色吧！以後觀察蕨類多樣的葉片時，請記得也要注意她們豐富的顏色變化，而下次，換你跟我們介紹蕨類植物其他的美麗色彩吧！

海州骨碎補的幼葉，在陽光照射下更顯紅嫩。（攝影／張和明）

寒冬的中海拔森林裡，小膜蓋蕨是最耀眼的著生植物。（攝影／張和明）

尋找台灣紅

自然篇

以前的教科書都是把菇類放在植物界的領域裡頭介紹，但是自從一九六九年Whitaker提出生物五界說以來，這個觀念普遍被國際的學者所接受，因此，菇類此等高等眞菌不再屬於植物界的一環，而是獨立爲一個界(Kingdom)。根據一九八〇年Barrington估計，眞菌界（Fungi）中至少包括有五千多種，而且毫無疑議地，許多新種還不斷地陸續被鑑定發表出來。

所有眞菌都是屬於異營生物，它們和動物一樣，不能直接利用太陽能，二氧化碳和水來合成碳水化合物，但其營養類型多，適應能力強，所以能夠利用各種不同的有機物質，在各種特定的環境中生長繁殖。絕大多數的眞菌能夠產生有性或無性孢子，這些微小的繁殖體可以藉氣流、水流、昆蟲等因素傳播到或遠或近的地方，無論是高山、海洋、草原、林地，甚至於洞穴與沙丘都有它們的蹤跡，所以眞菌也是世界上分布最廣的一群生物。

紅色系的菇是最明顯易見的，在雨後的晴天裡，在森林步道上，可能不經意就看到枯枝上或腐植土裡長出一朵朵鮮艷可愛的野生菇，但是在天乾物燥的環境下，則幾乎看不到野生菇的蹤影，因爲菇類不似植物的外表有角質或臘質保護著，而且沒有葉綠素可以行光合作用，所以一定要在潮濕的環境下生長。

既然菇是屬於眞菌之一，其營養類型可以概括分爲三大類：

一、腐生性眞菌：主要的是它們分泌各種胞內外酵素（特別是胞外酵素），將土壤中或枯枝落葉的有機體加以分解，吸收及同化，以取得能量來生長。它們和單細胞的細

右上：紅白毛杯菌開口的外形如其名。（攝影／陳啓楨）
右下：紅盤菌色彩艷紅。（攝影／陳啓楨）

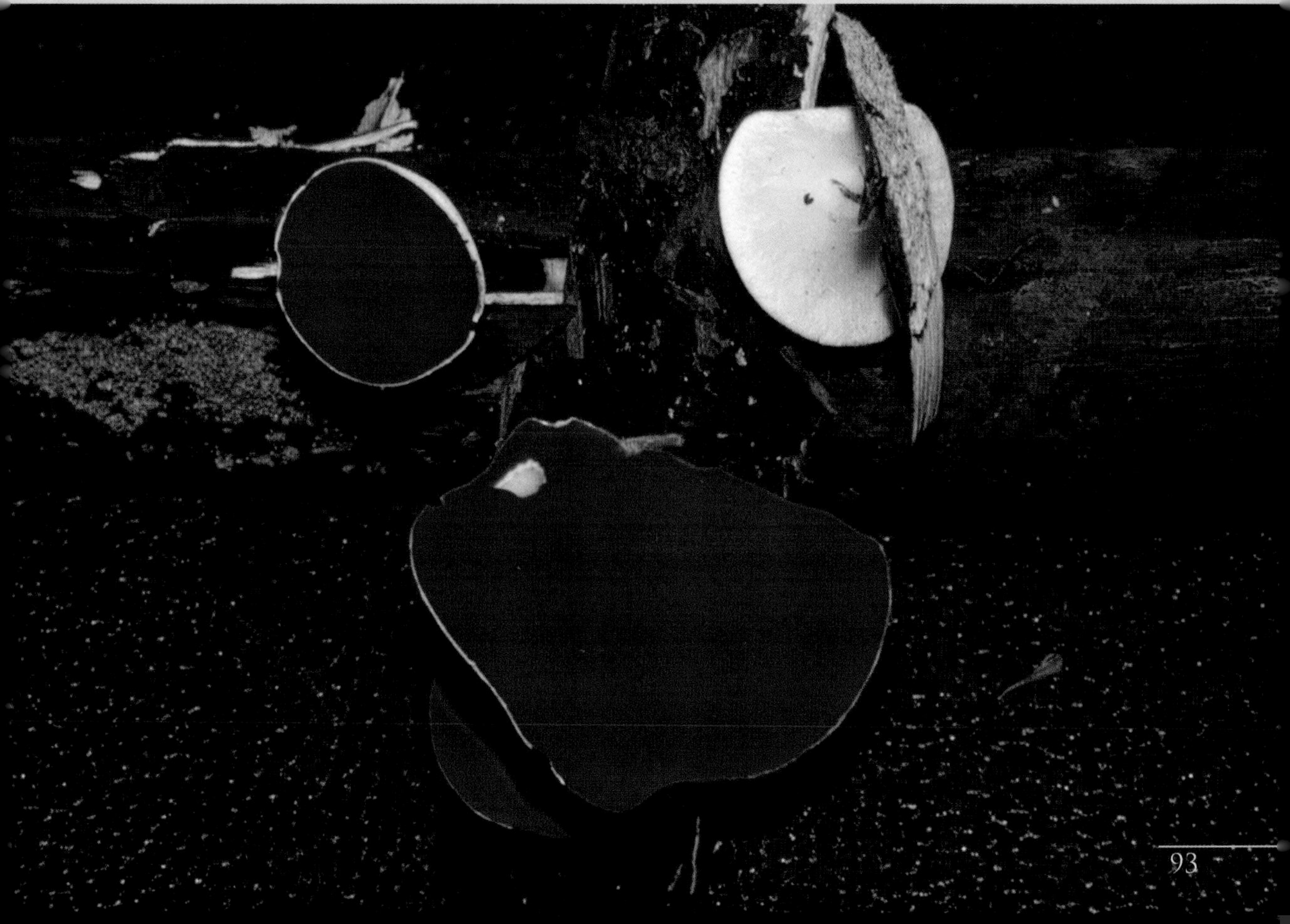

菌或酵母菌一樣，分解有機物質以維持自然界物質轉化與循環，而且也為人類提供食物來源。屬於紅色系的菇也很多，主要有：牛排菇（又稱肝臟菇或牛舌菇，Fistulina hepatica）、粉紅鮑魚菇（Pleurotus incarnates）、凸頂橙紅濕傘（Hygrocybe cuspidata）、粉褶菌（Rhodophyllus spp.）、朱紅栓菌（Pycnoporus cinnabarinus）、台灣的特有種—牛樟芝（Antrodia camphorata）、花耳菌（Dacrymyces spp.）、紅蛇頭菌（Mutinus carinus）、紅盤菌（Aleurodiscus coccinia）、紅白毛杯菌（Sacroscypha coccinea）、紅盤菌（Aleurodiscus coccinia）。

二、寄生性眞菌：絕大部分是植物的病原菌，少數是昆蟲的寄生菌。以植物病源菌而言，主要是植物樹幹受傷處最易被感染，而後眞菌的菌絲逐漸在木材及形成層處蔓延侵蝕，最後植物逐漸衰竭死亡。屬於紅色系的例子較少，較著名為粉紅色硫磺菌（Laetiporus sulphureus var. miniatus）、椿象蟲草（Cordyceps nutans）。

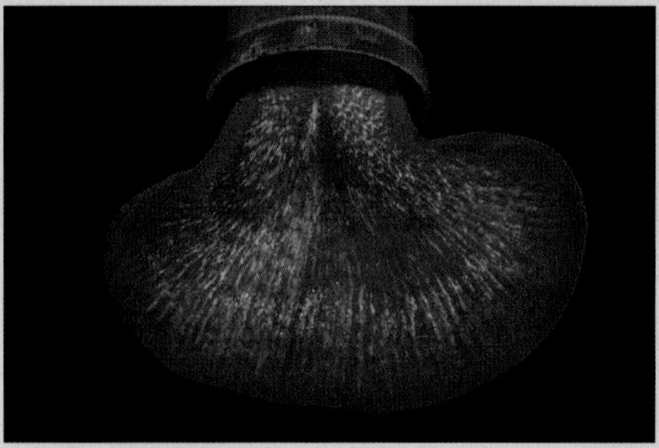
牛排菇肉質鬆軟多汁。（攝影／陳啓楨）

朱紅栓菌屬藥用菇。（攝影／陳啓楨）

毒鵝膏菇為教科書上出現最頻繁的毒菇代表。（攝影／陳啓楨）

三、共生眞菌：有不少著名的食藥用菇類及毒菇類會與高等植物（特別是木本植物）形成共生關係，菌絲會與植物的根部形成菌根，同時會取代原先植物的根毛。這類的菇特別是在秋末冬初時大量出現在中高海拔森林裡。最常見的紅色系野生菇是菇傘表面有白色疣點毒鵝膏菇（Amanita muscaria），這也是教科書上出現最頻繁的毒菇代表，其他尚有橙紅鵝膏菇（Amanita hemibapha）、紅鵝膏菇（Amanita rubrovolvata）。

老一輩子的傳說告訴我們鮮艷的菇是有毒

的，或碰銀器會變色，或遇大蒜會變黑，不生蟲蛆、具腥、辣、苦、麻、臭味者，受傷變色皆是有毒的，這些在現在科學的研究是不正確的，因為有很多紅色系的菇是美味的食用菌或藥用菌，但為了避免民眾掉以輕心誤採野生菇中毒，若沒有扎實的分類鑑定基礎，仍不建議民眾嚐試去採野生菇。

紅色系的菇，基本上也可以區分為下列數種特性：

毒菇：這類的菇最主要是腸胃性毒菇，造成上吐下瀉、反胃等急性或慢性症狀，典型的毒鵝膏菇就是屬於此類型；也有一些具有神經性毒菇，產生幻覺。

食用菇：這類的菇有些是可以生吃，像是「牛排菇」，帶有點檸檬酸口味，有些炒熟或煮湯後是極為美味的，例如粉紅鮑魚菇、紅白毛杯菌。

藥用菇：大多數著名食藥用菇類是多孔菌類（polypores），包括靈芝、樟芝、桑黃、朱紅栓菌（又稱為朱砂菌）、雲芝及舞菇等。雖然大多數的多孔菌類因木質化而無法嚼食，但可以用熱水熬煮來當茶喝，具有強精固本功效。例如台灣特有種—牛樟芝則是目前全世界最昂貴的野生菇，在民間對於抗癌消炎方面，有極佳的口碑。其他如朱紅栓菌，未來這兩年在日本將是具有市場潛力的新興藥用菇。

不知食性或毒性的菇：這類的菇通常是因為極少有學者深入研究過，故對其特性仍不瞭解，例如凸頂橙紅濕傘、花耳菌、紅蛇頭菌等。

學習鑑定食用菇類，對初學者而言，有一本實用的彩色圖鑑在手邊是個很好的工具，但切記有些菇當您無法十分肯定是那個種時，寧可放棄，千萬不要食用，以免發生誤食的事情。

過去數年當中，靈芝及香菇已經美國被證實具有療效，如今其他的菇類，包括舞菇、冬蟲夏草、雲芝、牛樟芝等已經進入健康食品的行列。日本醫生不只用菇類來醫治放射線外科手術的癌症病人，同時也使用在化療的病人，而且也用來當成是增加病人免疫系統的營養品。利用眞菌產品作為營養劑來增加人體的免疫功能，在日本及其他亞洲國家的文化已經被認為確實有功效。而紅色系的菇，未來不只是天然色素可能被研究，而在其生物活性方面，特別是在抗癌的研究，也許也會異軍突起，成為市場上重要的養生保健來源。

粉褶菌為野外常見的毒菇。（攝影／陳啓楨）

尋找台灣紅

自然篇

山林野蘭

[illegible]

[illegible]

只要有空的時候，總是喜歡往山林遊走，接觸大自然，每每感受到一股清爽自在的氣氛，時間久了，山林便形成內在約定成俗的知心好友。不管走到何處，自然地往樹上看、朝林子裡瞧、向地上找，尋蘭的基本動作，不待蓄勢，便已展開，爲的就是想要探一探，到底有那些蘭花在那裡，其他的目的都反而不重要了，看來狂蘭的等級已步入痴狂的地步。

蘭是山中的隱士，多數隱匿於林間蔽蔭的一隅，不像大樹那般招搖，也不如路邊野花那樣舉目可及，要看山蘭！終歸是要幾分耐心、豁達、細心、冒險、知識與機緣，這恐怕也是賞蘭人自然沉殿必修的境界。能夠巧遇浩瀚樹海裡零星點綴的野蘭，總是有一股興奮之情每回重現，每當遇見花開的野蘭，那種滿足的心情，總會讓自己駐足端視良久，而桃紅的媚力更是難擋，綠叢間的紅花，不管是粉紅、桃紅、紫紅或橙紅，皆是分外醒目，油然感佩於大自然本身就是一本絕佳的配色事典，而這等的熱血色彩，也紛紛精彩地反映在我們的野生蘭裡。只是，它們隱身在深林裡、溪谿間，正有待你我的知遇與機緣。

賞蘭的季節不分寒暑，春、夏、秋、冬都有大自然備妥的佳餚，春天是萬物扶疏的季節，草地上一柱柱螺旋排列的小桃紅花不經意間，就在各處空地竄起，它有一個優雅的名稱叫綬草，綬草在春季間各個時段開花，有的就在清明節前後，所以在鄉間，有人習慣稱它清明草。低山近郊的樹林下，無論是竹林、杉林或雜木林，都有爲數不少的大花羊耳蒜與紅花羊耳蒜，它們主要在春天綻放，島上的二十餘種羊耳蒜之中，大花羊耳

馬鞭蘭為東亞特產的蘭花。（攝影／林維明）

滿綠隱柱蘭在春夏漸次綻放的鮮橙紅花。（攝影／林維明）

蒜的花朵是最大的，也是十分漂亮的一種，深紫紅花井然排列於直挺的花莖上，這般充滿喜氣的顏色，要不注意也難。而紅花羊耳蒜也開紫紅花，只是植株和花朵都比大花羊耳蒜小了一號。

低山原始林闊葉大樹上，是稀有的櫻石斛棲身的處所，豔麗的桃紅大花，在春分開滿老莖各節，熱鬧的景致有時幾乎掩蓋了莖葉，令人眼花撩亂，櫻石斛是愛蘭者的魔咒。

中海拔山林是許多美麗野生蘭的家，馬鞭蘭喜歡在山徑旁半透光的地方生長，看到它開花，就知道春的腳步來到這裡了，那成串向著同一方向半開的淺桃紅花，宛如平劇裡的馬鞭道具，這也正是它的名稱由來。在霧林帶的山壁上，美名遠播的台灣一葉蘭也屬春天開花一族，一朵朵桃紅大花，宛如滿盈

成串盛放的紅花石斛。（攝影／林維明）

的燦爛笑容，使山裡充滿了喜悅的氣息。

春天的紅不因夏季而褪色，在豐富多樣的寶島山林裡，每一個季節都有應景的山蘭等待節令的到來。滿綠隱柱蘭只由少數幾枚長柄的葉子組成，兀自處在蔭濕林下不起眼的腳落，它不像蘭花，反倒是有幾分萬年青的味道，可是，當春夏之交開花時，筆直花莖上由下而上漸次綻放的鮮橙紅花，有如染紅的人面蜘蛛，那種豔光四射的景況，與之前的印象對照，有如醜小鴉變天鵝般，讓人有被捉弄的感覺。

時歲進入盛暑，散布林下溪畔的長距根節蘭陸陸續續開花了，它的花期滿長的，有的早開，有的晚些，整個夏天都欣賞得到那展翅欲飛的紫粉紅花，長距根節蘭好比森林裡的變色龍，花兒初開時爲紫粉紅色，幾天後漸轉爲橙色，唇瓣的變化尤多，有的由紫粉紅轉爲橙黃，也有變成橙褐乃至咖啡色的，盛開的時候，經常幾種顏色的花一起出現，當時還讓未見世面的我，誤以爲它會神奇地開多色花呢。山裡的豆蘭、捲瓣蘭也喜歡在這個節令開花，中海拔原始闊葉林樹幹上生活的紫紋捲瓣蘭，通常於六月盛開，一支支細長花莖爭相抽出，花莖末端十餘朵長腿形紅線條花，排列成扇狀，由樹下仰望，好像一把把小紅傘。

秋的涼意喚起了細莖鶴頂蘭的神來，此時該是站上伸展舞台的時刻，幾支花莖由細長的莖中段各節斜升而出，欲張又止的粉紅花，躲在強勢茂盛的綠葉間隙，讓人感覺它是在擺出一副羞澀可人的模樣。

冬天寒氣冷颼，多數野生蘭爲了安然越冬，紛紛進入休眠，入山的人們也都裹著厚重防寒大衣，可是山林裡依然存在不畏寒冬的山蘭，它們寧可接受嚴苛的大自然考驗，選在此時綻放花朵，這當中以鹿角蘭最令人印象深刻，鹿角蘭鍾愛中海拔上層與高海拔下層那種冷溼、帶有原始氣息的環境，常成群附生在闊葉巨木高層枝幹，由於株身迷你，大小只有幾公分而已，平常想要看到它，不是那麼容易，惟有在年末此時，正値花開季節，方才容易顯露它的身影。記得最爲盡興的一回，是幾年前的十二月底，在南投梅峰海拔兩千一百公尺林木參天的巨木群裡，不經意發現花兒盛開的鹿角蘭，此起彼落爬滿大樹近樹冠層枝幹，成球的紫紅花點綴於其間，在陽光的輝映下，反射出一閃一閃的紅光，因而曝露出身份。

當今年的冬天過去，又會是新的一年回春的開始，自然節令的輪轉，賜與山林裡的野生蘭輪流在季節的舞台上伸展，今年鎩羽而歸，明年又有新的機會開啓，四季桃紅依舊，只待有緣人去分享那一份喜悅。

羊耳蒜家族龐大，圖為大花羊耳蒜。（攝影／林維明）

長距石斛的花朵，隨季節由淡紫轉黃。（攝影／林維明）

台灣一葉蘭以盛開的淺桃紅花，預告春天來臨。（攝影／林維明）

尋找台灣紅

自然篇

在人們的眼光中，桃紅色擁有醒目、美艷、歡樂或愛情的象徵意義。自然界中當然不乏桃紅的色彩，正因爲它的醒目搶眼，各式的植物常綻放著奪目的桃紅色花朵，以吸引五花八門的昆蟲前來駐足訪花，順便可以幫它們傳播花粉；甚至還會結滿桃紅色的成熟醬果，吸引貪吃的鳥兒飽餐一頓，最後協助它們將種子散播在四處大地上。

在自然界食物鏈社會中，體型不大的昆蟲，一直是各類中、小型肉食性或雜食性動物的主要食物來源，一旦被掠食性天敵發現行蹤，下場經常小命不保，於是穿著一身雜亂或不招搖的保護色外衣，是多數昆蟲世代傳承的保命絕招。但由於昆蟲是地球上種類最多的一個動物家族，基於警示作用或吸引異性的生態意義，不少昆蟲仍會擁抱危險，反而長著光鮮亮麗的外表，其中黃色、紅色與反光算是昆蟲世界中最普遍的醒目色彩。

就紅色系而言，擁有朱紅、深紅或橙紅色外觀或斑紋的昆蟲不算少數，相較之下，身披桃紅色外衣、或顏色相近的紫紅色，在昆蟲家族中便成了較罕見的漂亮寶貝。一般擁有桃紅色彩的各個昆蟲類別中，大都是偶爾出現的一、兩種個例，在台灣唯獨麝香鳳蝶族是一個多數種類共通的特色，擁有這般鮮艷色彩的緣由是這類的鳳蝶幼蟲都以馬兜鈴類植物葉片爲食物，這些幼蟲體內保有來自食物的毒素，因此牠們是許多掠食性天敵所忌諱、排斥的難吃物種，而這種能夠免於遭到捕食的保命毒素，仍然可以留存到牠們羽化變成蝴蝶成蟲，於是牠們各自都長著醒目的桃紅色斑紋，來昭告天敵自己是不能隨便招惹的角色，更因爲有恃無恐，牠們飛行的速度也比其他鳳蝶來得緩慢優雅，有趣的是麝香鳳蝶族的各種鳳蝶，牠們身上都會散發著一股大同小異的特殊香氣，這種氣味正是鳥類等天敵所忌諱或經驗累積後熟知不爽口的特色，也因此人們將牠們取名爲「麝香鳳蝶」。

在台灣的麝香鳳蝶類中，最耀眼且最具代表性與知名度的，就是分布在中海拔地區的特有種「曙鳳蝶」，這種全世界獨一無二的蝶種，除了從頭到尾大部分面積是桃紅色外，飛舞時大片的桃紅色裙襬（下翅腹面的外半段），更是吸引大衆目光的焦點所在，也因此牠會名列於台灣的「保育類昆蟲」榜。此外，台灣尙有四種擁有桃紅色彩的麝香鳳蝶類，分別是麝香鳳蝶、台灣麝香鳳蝶（台灣特有種）和較普遍而常見的大紅紋鳳蝶與紅紋鳳蝶。這四種鳳蝶的身體外觀和曙鳳蝶大致相同，而黑色的翅膀上則分布著或多或少且相對位置各有不同的桃紅色斑點。對賞蝶新手而言，體形相當的前三種是較容易混淆的種類，辨識的要訣分別是：大紅紋鳳蝶下翅有二或三枚大白紋；台灣麝香鳳蝶下翅的桃紅色斑最淡，幾呈粉紅色；麝香鳳蝶的桃紅色斑特別小。

在其他蝶、蛾等鱗翅目昆蟲中，尙擁有桃紅色紋的只剩零星種類，例如「之美苔蛾」、「閃電蛺蝶」等。

近年來在台灣，螢火蟲是一類特別受到矚目的熱門昆蟲。不少種類的螢火蟲有個共同的外觀特色，就是前胸背板是特別顯眼的紅色至橙黃色，其中赤腹窗螢、赤腹櫛角螢、黑腹櫛角螢的前胸背板是略帶桃紅色感的艷紅色，而紅胸黑翅螢與小紅胸黑翅螢的前胸背板則是標準而鮮艷的桃紅色。不論是紅色或橙黃色的前胸背板，就螢火蟲的外觀功能

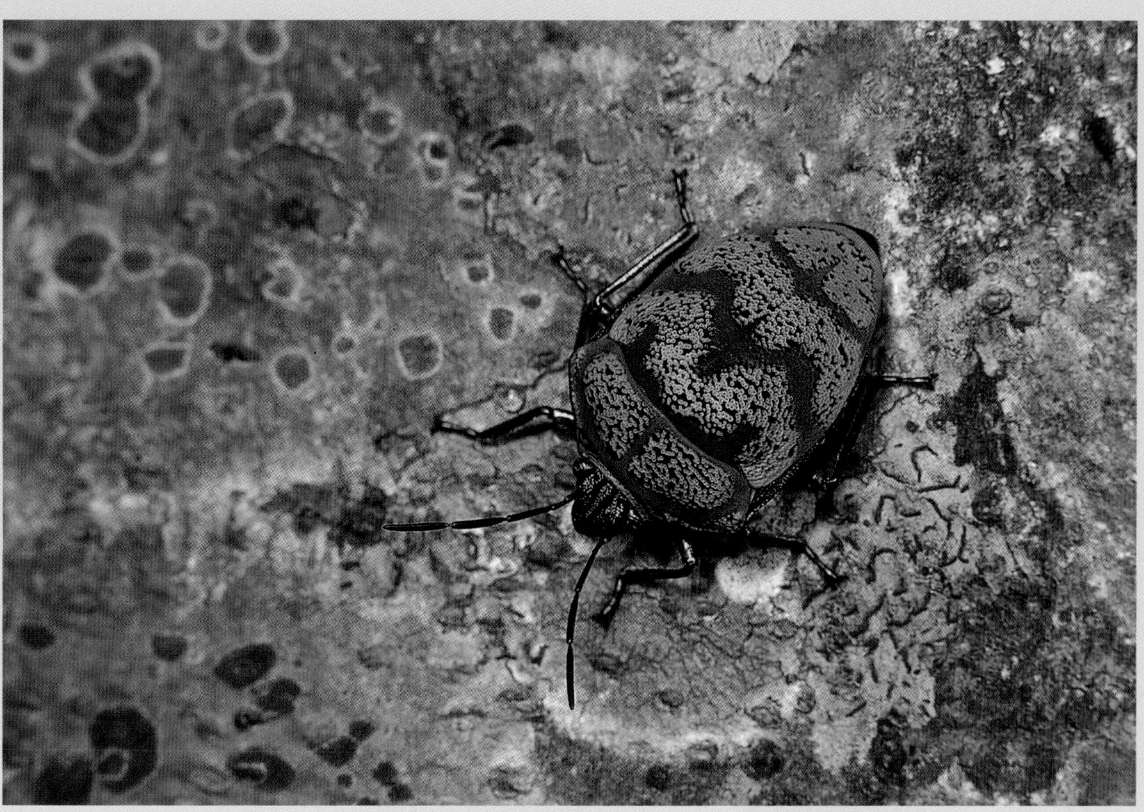

紅條綠盾背椿象顏色醒目。（攝影／張永仁）

上也算是一種警示的效果，因為牠們也會分泌腥臭的氣味來驅退天敵，只是這些臭味並非來自特定的毒素，保育的效果當然會差一些。

在台灣出產的數十種螢火蟲中，最讓人驚艷的絕對是幾乎不會發光的鹿野黑脈螢，牠是標準的晝行性昆蟲，漆黑的身體上覆蓋著兩片幾近全面桃紅色的翅鞘，揚翅緩慢低飛的身影，總會讓人目光隨牠飄移而陶醉其間。由於鹿野黑脈螢只分布在台灣北部低山區，且成蟲僅出現在三、四月，有興趣的蟲友不妨勤跑溪澗飛瀑等水質清澈的環境周遭碰碰運氣。

以腥臭味驅敵自保的昆蟲中，椿象算是臭氣十足而且腥羶無比，不少種類因而擁有美艷奪目的警戒色外貌，可惜具有桃紅色彩的種類卻屈指可數。分布不太普遍的紅條綠盾背椿象，是唯一能雀屏中選的美麗臭大師，在牠翠綠色的體背上，交錯著數條對比鮮明的紫紅色（或桃紅色、粉紅色）細條紋，仔細近看這些高度飽和的綠、紅色彩中，還會閃亮著誘人的金屬光澤，這般巧奪天工的色彩搭配，遠看近觀皆得宜，但若想伸手觸摸把玩請三思，免得留下一手令人反胃的難聞腥臭，壞了牠在人們眼中的完美形象。

大家熟悉的昆蟲裡，號稱「空中飛龍」的蜻蜓，整體的外觀體色還算顯眼醒目，倒不是因為牠們體含毒素或能散布驅敵的腥臭味，主要原因是在昆蟲王國中，牠們原本就是驍勇善戰的肉食性種類，再加上各個都是能在空中快速疾飛並瞬間轉彎改變方向的飛行高手，比起其他昆蟲更容易逃過天敵的獵食追殺，所以外觀長得漂亮一點並無大礙，相對在求偶競賽中，更能為自己達成傳宗接代的成功機會加分。

在台灣擁有紅色系體色的蜻蜓種類不算少，其中一身紫紅色而略帶桃紅色感的「紫紅蜻蜓」，是許多水域環境中的優勢種，較有趣的是身著紅衫是雄蟲們的專利，雌蟲的外觀較樸素的橙黃色。而剛羽化不久未達性成熟階段的雄蟲，體色外觀和雌蟲相差不大，等到經過一段時間的生存歷練，擁有「性能力」的雄蟲才會逐漸變成美豔的紫紅色。此外，成熟雄蟲具有桃紅色腹部的霜白蜻蜓，在尚未性成熟階段期間，體色和雌蟲一樣是較不起眼的橙黃色，冥冥中牠們似乎都懂得，若非絕對必要還是不要讓自己長得太豔麗太招搖。

台灣麝香鳳蝶長著桃紅色斑紋。（攝影／張永仁）

之美苔蛾。
（攝影／張永仁）

霜白蜻蜓因紅色腹部
有些許的白粉得名。
（攝影／張永仁）

鹿野黑脈螢其實不太會發光。
（攝影／張永仁）

尋找台灣紅

自然篇

紅紅果實掛枝頭

櫻果初結之時，是淺淺勻嫩的綠，再便染成橘橙、豔紅；三兩紅色果實從枝梢垂懸而下，一如跳動的音符記號，可愛極了。

大自然界在台灣本島一年四季皆有不同的美景：從春天開始，幽冷寒香的梅花、凝灩飛紅的緋寒櫻、香瑩潔密的李花、清柔雅逸的梨花、霞蔚雲蒸的桃花等等陸續在風中綻開笑顏。動人的景致，讓賞花人忘卻春寒的料峭。花後更有令人遐思、垂涎的佳果懸於枝頭，尤以緋寒櫻爲最。

緋寒櫻盛開是多數人期待的春景；卻總有一些獨特的賞家與鳥類同步，殷殷盼望紅果早日懸梢。冬寒褪盡之後，緋寒櫻璀璨怒放，陽明山是時人爭賞的景點，行家卻懂得遥向烏來、石碇一帶的山區尋趣。經月之後，緋寒櫻的果實綴滿山野，葉翠果灩，一片喜氣洋洋。

緋寒櫻果實是一逕的紅，文人喜以「中國紅」來讚美她光潤優雅的色澤。稍呈橢圓的櫻果初結之時，是淺淺匀嫩的綠，襯於蒼翠多紋的綠葉，是一種合於韻律之美的純色；再來幾天櫻果染成橘橙的顏色，初承陽光的色澤可愛極了；乎攸數日，陽光的果實已染浸胭脂成爲夭夭紅果了。

三兩紅櫻桃從枝梢垂懸而下，一如跳動的音符記號，旋律既成，鳥類翩然隨之伴舞。鳥雀群集舞躍在樹枝叢間，時而立於枝梢輕啄櫻桃，時而隱於枝葉中擺盪著身軀，是飽餐美食後的小憩。口饞的人羡慕鳥雀的口福，也摘下數顆殷紅的櫻果，迫不及待地放入口中，尙且來不及細細品嚐就張口還於大地，原來苦澀是味蕾提供的答案。都市人帶著失望的心情返家，沮喪了，遺憾著野生櫻桃的表裡不一。

然而生活經驗豐富的農家大嬸們正竊喜著，她們等候著，就像毛毛蟲蛻變成蝴蝶一樣地有耐心地等候著，等到緋寒櫻的果實轉

冬日緋寒櫻相繼綻放。
（攝影／簡錦玲）

刺莓雖然多刺，果實卻甜美多汁。（攝影／簡錦玲）

雙輪瓜又稱野西瓜，成熟後顏色轉紅。（攝影／簡錦玲）

緋寒櫻的果實是鳥類的最愛。（攝影／簡錦玲）

成暗紅色時，孩子們就有新鮮甜美的果子吃，多餘的果實還能做成果醬，或是浸泡在米酒中，製成帶有杏仁芳香的野櫻桃酒。這是大人們的私房佳餚，除了相信具有調理身體虛寒的功效之外，更美好的是一份飲用櫻桃酒的浪漫情懷。

台灣有大半時間可以稱爲夏日季候，這段時間的山林美的是青蔥蒼綠的大樹，悠遊於樹林之間，可以消去夏日暑悶、忘卻煩憂。走向中海拔山區，更是綠意盎然、花顏燦爛。仰頭可見高木聳天，虬枝蒼勁挺拔，謙虛自勉之心油然而生；低頭可撫芳意芊綿的綠茵，令人心境清柔，心羨田園農家之樂。

夏日的山野織就一片綠絨，綴生於山坡或平撫於地面的野果，以普剌特草最具特色。這種桔梗科的草本植物喜歡生長在稍有高度的山區，從三百公尺起一直到高海拔地區，都能在潮濕的山徑、斜坡看見她，不過近來普剌特草的家族有逐漸式微的傾向，賞花人請多一份疼惜之心，不要因爲她的嬌美可人而肆意採掘。

普剌特草得名從其屬名Pratia而來，而中文的名字更是可愛，竟然有人別出心裁地因爲她果實的外型而稱她爲「老鼠拖秤錘」，無論台語或國語發音，都令人會心一笑。當然也有人稱她爲銅錘草、米湯果、地釦子等，無論是哪個別稱都說明了她的生態與外型是如此地特殊。

普剌特草貼地而長，將山徑鋪蓋成蒼綠的色彩，淡紫桃色的花並不顯眼，倒是細長的走莖綴滿了一枚枚像酒瓶蓋敲平了似的葉片，讓人想起小時候玩紙牌的情景。紫紅色果實似乎甜美誘人（很多野菜書也這麼寫），總令人有一嚐究竟的衝動；但是澀而痲的味道會讓你下次再也不想嘗試。

普剌特草的果實頂著小皇冠，極有尊嚴地生長在夏季的山區，就像落難的皇族，雖然族群有滅絕的可能，卻毫不氣餒地努力生活著。從淺山到高山，若是遇見她們，請爲她們加油。

秋日是台灣山野最美的季節，不僅是花卉開放最繁密，也有紅葉、黃葉樹種的轉色換裝，更是野果最繁盛的時候。初秋裡，最讓人讚嘆地莫過於雙輪瓜了。從海邊到山區，她攀爬在樹叢間，無從攀爬就攤在地上生長，是蔓性的植物。

她的花期在春末之際，秋日才能欣賞紅色的果實。初結的果實是嫩綠的小圓球，身上有數道條白色的條紋，很像超迷你的小西瓜，因此她別稱就叫野西瓜，不過有毒的雙輪瓜可不好惹，千萬不可因爲她的可愛而輕易吞食。成熟之後的雙輪瓜轉爲鮮豔的紅色，看起來很有彈性，總覺得可以像玩溜溜球一樣，甩來甩去；也像胖嘟嘟的娃娃一樣，讓人很想伸手捏一捏她的小臉蛋。

看見雙輪瓜就讓人想起一種古老的糖果「金柑仔糖」，大小幾乎一模樣，顏色也是有綠有紅，更多了黃色、橘色等。那種五顏六色的金柑糖，一毛錢可以買兩個，這是四十年前的價錢，而一顆糖可以從早吃到晚，因爲捨不得一次吃完。

雙輪瓜在秋日的陽光下中更顯嬌豔，白色的條紋更粉嫩了，綠的果、紅的果捧在手裡，回想幼年時光，拉著裙角拍球的情景，童年裡的小皮球，儼然就是雙輪瓜的翻版。雙輪瓜是四〇年代童年的紀錄片。

台灣的氣候簡直無季節性可言，十二月應是嚴寒的冬天，卻能見到石榴花盛開並結果，或許是人工栽植的草木花比較會不按節令開花吧，野地裡的花木可是遥按時序生長，不爲人工所逼呢！刺莓就是在低海拔山區最具代表性的一種。秋末開出皎潔晶瑩的花朵，初冬時節，枝頭就結出一顆顆碩美嫣紅的果實，看起來嬌豔動人，視覺上的享受足以令人徘徊留連，遲遲不肯離去。

既然稱爲刺莓，當然渾身都是刺，若是冒然莽撞地闖近前去，刺莓會抗議你不夠溫柔體貼，而用小刺拉扯你的衣物或是劃破皮膚。不易近人的她卻有甜美多汁的果實，有心摘取的話，不妨帶一把小利剪，走近她，輕輕撥開樹叢，利剪剪下，以手接果，別忘了切勿採盡，須留一些與山林裡的鳥雀鄰居分享。

秋日賞刺莓不染俗塵的清雅花顏，冬日移動視覺的瀏覽，驚訝她換裝的嬌豔，復又品味果實的芳馥甘美，刺莓在蕭颯的季節中，演出一段最優美的舞蹈，是大自然的年終獻禮。

普剌特草因果實外型特殊，又名老鼠拖秤錘。（攝影／簡錦玲）

尋找台灣紅

自然篇

大自然雖然多采多姿，但紅花綠葉一直是多數人既存的刻板印象，然而，每到秋冬時節、繁花落盡的時候，有些原本居於配角的綠葉總是不甘寂寞，忽然搖身一變，將鮮紅橙黃、繽紛亮麗的色彩全穿上身，馬上成爲所有人視覺的焦點，甚至比滿樹的紅花還要顯眼，這些善變的植物，就是通稱的「變色葉植物」或「紅葉植物」。

至於原本的綠葉爲什麼會變色呢？其實要從爲什麼要落葉談起。植物爲了渡過嚴寒的冬天，必須把能量的消耗減至最低，但是綠葉是植物進行光合作用、製造養分的重要場所，爲什麼要捨棄呢？原來冬天時如果結冰，闊葉樹的樹葉因沒有堅厚的樹皮或蠟質保護，細胞可能因結冰膨大而受損（冰的體積比水還大），加上冬天日照不足，由葉子所製造的養分不足以抵銷呼吸作用造成的能量散失，因此落葉便成爲減少植物體能量消耗與損傷的必要選擇，同時也可以藉此去除一些病蟲害的侵襲。這時，再加上秋冬時低溫的阻礙，葉綠素的合成速率比不上分解的速度，因此葉片的綠色逐漸褪去，而原本就存在葉片中的其他色素，如胡蘿蔔素、葉黃素、花青素等，就特別突顯出來了，所以變色葉植物並不是眞的變色，而是原本的綠色褪去後，呈現出原來不顯著的顏色罷了，而各種變色葉植物所展現的顏色差異，主要在於各種色素比例的不同。此外，秋冬時節因爲預備落葉而在葉柄處形成離層（葉片脫離枝條的地方），在葉片所製造的養分運輸逐漸受阻，因而造成落葉前葉片裡醣類累積，促進了花青素的大量形成，也使得葉片更爲紅艷，讓樹葉在它的生命終止之前，展現它一生一次、最美麗的容顏。

落楓逐水飄流的美景。
（攝影／陳信佑）

由於變色葉植物主要與冬季的低溫和日照長度有關，因此大致以北半球的溫帶地區爲主要的分布區域。台灣雖位處亞熱帶，但因地形變化的幅度相當大，在中海拔區域形成了類似溫帶的環境，所以台灣多數的變色葉植物，都分布在中海拔地區。依據林務局一九八七年的調查研究資料顯示，台灣地區的變色葉植物至少有三十四種，但除了台灣山毛櫸與人工栽種的楓香有較大面積的純林之外，其於大多呈零星分布，與溫帶地區常見的大面積紅葉景觀，仍有相當的差異。雖然像台灣山毛櫸林整片的橙黃色景觀讓人震撼，然而在常綠的針闊葉林間驚艷的一抹抹嫣紅，除了是人們注目的焦點之外，也是台灣變色葉植物最特殊與迷人的地方。

一般人經常把賞「紅葉」與賞「楓」活動畫上等號，最主要的原因在於受到古代華北詩人對「楓」的歌詠所致，「丹楓欲燃」與「楓紅似火」的意象，活靈活現的深植於每個人的腦海之中；但在台灣大部分賞楓活動所賞的對象都是「楓香」，其中以奧萬大的楓香林最爲著名，每年都吸引無數的遊客前往體驗台灣難得一見的北國風情。但大多數的遊客總會問：爲什麼台灣的楓葉都不紅？其實這其中有個相當有趣的小故事。依據台大李學勇教授的考證，古人所歌詠的「楓」，其實是大多可呈現鮮紅色的槭樹科植物，「楓香」雖然也是變色葉植物之一，但除少數個別葉片外，最多僅呈橙黃色而已，而且它大致只分布於長江以南，並非華北詩人所見到的「楓」樹；在台灣的槭樹科植物除青楓（又叫中原氏掌葉槭）與台灣三角楓的名字裡有個「楓」字外，其餘的樟葉槭、台灣紅榨槭、台灣掌葉槭、尖葉槭等，均以「槭」來命名，所以「楓香」是「楓香」而不是「楓」，「槭」樹則應正名爲「楓」樹。依植物學上的分類來看，「楓香」屬金縷梅科，葉子互生（枝條上每個節只長一片葉子，且交互排列），果實爲球形的聚合果，與槭樹科葉對生（枝條上每個節上長二片相對的葉子）、翅果（果實兩側各延伸一片翅膀，成熟時可飛散到較遠的地方）等特徵，也大異其趣。

在台灣，眞正的「楓」樹雖然沒有純林壯闊的景觀，但大多都能呈現鮮紅艷麗的紅葉；雖然僅有零星點狀分布，倒也是秋冬肅殺氛圍中最亮麗耀眼的主角。尤其是台灣主要的幾條橫貫公路沿線與大雪山、阿里山、太平山等海拔較高的森林遊樂區裡，每年十一、二月台灣紅榨槭的紅葉時節，滿樹的鮮紅總是讓訪客充滿驚艷的欣喜。此外，特別值得一提的是，台灣所有原生槭樹科的「楓」樹都是特有種，全世界只有在台灣才能欣賞得到，而惟一能形成大片純林的台灣山毛櫸，除了是特有種之外，還因僅分布於台灣北部少數幾個地點，已由農委會依據文化資產保存法公告爲珍貴稀有植物，屬於國寶級的樹種。這些珍奇的變色葉植物，除了豐富了冬日的色彩之外，也爲台灣獨特的生物多樣性資源，增添更多的價值與趣味。

萬綠叢中的楓紅。
（攝影／陳信佑）

尋找台灣紅

自然篇

霜葉紅於二月花

[illegible]

楓紅，姿態婆娑，葉色秀麗；每逢深秋季節，那如火如荼般的葉片，有的染紅於山野，有的映紅於公園，而有的點紅你的庭院，如詩似畫，令人陶醉。這不禁令人從遠古冥想起……

楓，傳說是被俘的蚩尤身上戴的枷鎖所化，楓的癭爲風神居住之處，古代用以占卜的星盤蓋用楓木製造，漢代宮殿周圍植楓。

《山海經．大荒南經》云：「有朱山者……有木生山上名曰楓木。楓木，蚩尤所棄其桎梏，是謂楓木。」蚩尤與黃帝交戰被俘，黃帝殺蚩尤於黎山之上，將蚩尤身上的枷鎖扔於大荒之中，朱山之上，枷鎖化爲楓木林。這個傳說，說明上古時期楓就同神話結了緣。

居住風神的楓瘤癭，稱楓人。嵇含《南方草木狀》云：「楓人，五嶺之間多楓木，歲久則生瘤癭，一夕遇暴雪驟雨，其樹贅暗長三、五尺，謂之楓人。越巫取之，作術有通神之驗。取之不以法，則能化之。」

古代用以占卜的星盤，以楓木爲蓋，以棗木爲底盤。宋．陸佃《埤雅．釋木．楓》云：「其材可以爲式（星盤）。《兵法》曰：『楓天棗地，置之槽則馬駭，置之轍則車覆』是也。舊說，楓之有癭者，風神居之，……故造式（星盤）者以爲蓋，又以大霆（雷）擊棗木載之，所謂『楓天棗地』，蓋其風雷之靈在焉，故能使馬駭車覆也。」

由於楓寄託著「風雷之靈」，且「楓木無風自動，天雨則止」（《物類相感志》），所以宮殿常植楓。《西京雜記》云：「漢宮殿中植楓，故曰楓宸。」於是「楓宸」、「楓陛」成爲宮殿、朝廷的代稱。如三國魏．何晏〈景福殿賦〉：「芸若充庭，槐楓被宸。」

宋・蘇軾〈次韻詔倅李通直〉之一詩「迴首天涯一惆悵，卻登梅嶺望楓宸。」

綠，是大自然的顏色，是希望，是青春，是生命；而自然裡的紅，首選不外楓葉入秋後的變裝，如果是楓林，則紅霞一片，甚是壯觀，所以古人常以楓紅來形容秋色。著名的有唐張繼的〈楓橋夜泊〉：「月落烏啼霜滿天，江楓漁火對愁眠；姑蘇城外寒山寺，夜半鐘聲到客船。」這首詩大家皆耳熟能詳，不過我們可以進一步用科學的角度來理解。

一個有霜有月亮的晚上，既然看得見月亮，即表示當天空氣清爽，視界開闊，想必白天是見得到陽光的，而夜晚溫度降低，霜也開始結了。因爲楓葉的轉紅必須在一個白天有陽光而夜晚溫度必須降低的環境，也就是一個溫差大的改變，才能形成嫣紅的葉子，雖然張繼沒有說明白天是否有太陽，但因爲科學的進步讓我們這一代廿一世紀的人可以如是的設想——千多年前的張繼，在一個陽光熠熠，各處都充滿朝氣的一天，於舟上觀賞兩岸的美景，以抒解旅途的寂寥，到了夜晚，停歇於江邊，這時光線由白日的明媚進入到四圍皆漆黑一片的深夜江岸；在空間上，旅人離鄉背井，時時想念著故鄉的親人，這又增添了幾許的孤寂和悽涼；月兒西落，烏鴉啼叫，霜也舖滿了大地，形成一個銀白色的世界，這時江邊的楓葉，因爲溫度的大幅降低，已呈艷紅一片，加上漁火的映照，使躺臥船上滿懷旅愁的張繼久久不能成眠，由於不能成眠，姑蘇城外寒山寺夜半的鐘聲，貼著水面快速的傳來，也顯得格外的清晰。張繼的旅愁藉著景物來抒發，爲我們描繪了一幅寒江秋景圖。

台灣掌葉槭主要分布於中海拔山區。（攝影／游丕若）

火紅的尖葉槭呈現濃厚的北國風情。（攝影／游丕若）

行道樹中經常可見楓香的蹤跡。（攝影／游丕若）

台灣紅榨槭是中海拔主要的變葉樹種之一。
（攝影／游丕若）

另一首不該遺漏的是唐杜牧的〈山行〉：「遠上寒山石徑斜，白雲生處有人家；停車坐愛楓林晚，霜葉紅於二月花。」詩裡描寫的寒山、楓林、晚、霜葉，也道盡了秋野山景的特徵，尤其是說那經霜過後的楓葉，比二月開的春花還要鮮紅照人。只是少了張繼的那份愁。那麼到底楓葉爲什麼會變紅？這到底是怎麼一回事呢？

這是因爲葉子中含有的葉綠素被破壞，加上隨著低溫的來臨，葉片中可溶性糖含量增加，有利於紅色色素的形成，從而改變了綠色素與紅色素比例的緣故。由於紅色素的形成與低溫及晝夜溫差有關，因此，紅葉的鮮艷程度不但與年份有關，也與地域、地形的關係密切。「花由山下開，紅葉由峰頂染下」，俗話說得好，較早的秋天到來，紅葉由山上向山下，由北方向南行進，紅葉也可說是秋季轉移的線索。

這裡介紹一些台灣常見俗稱「楓樹」的紅葉樹種：

1.楓香Liquidambar formosana金縷梅科

台灣海拔一千五百公尺以下地區頗爲常見，尤其是行道樹裡，有時可見其蹤影。落葉大喬木，葉互生，葉多三片裂，幼時或爲五裂，基部圓形或心形，葉長十至十二公分，雌雄同株，雄花序短總狀叢著，雌花爲有細長總梗之球形頭狀花。蒴果互相癒合而成頭狀之聚合果，徑約二點五公分。分布極普遍，產兩廣、福建、浙江、江西、河南、湖北、四川、貴州和台灣等地，於二期森林或溪岸多成純林。其材供種植香菇，樹可採脂，葉可飼天蠶。

2.青楓Acer serrulatum槭樹科

青楓特產於台灣中低海拔闊葉樹林中，相當普遍。落葉大喬木，葉對生，掌狀五至七裂，基部截形，葉長六至十公分，寬八至十公分，果翅倒披針狀長橢圓形，長約兩公分，樹皮青綠色，是台灣最容易看見的紅葉樹種。

3.台灣掌葉槭Acer palmatum Thunb. var pubescens槭樹科

落葉小喬木，葉對生，具長柄，長四至六公分，掌狀七深裂，翅果平滑，其展開之角度，約爲一百六十度。中海拔山區可見。北部山區，如文山、烏來、北插天山、太平山可見，中橫碧綠溪到大禹嶺一帶，南部六龜的藤枝森林遊樂區也有少量分布。

4.台灣紅榨槭Acer morrisonense槭樹科

落葉喬木，葉對生，卵狀心形，先端作狹長兀狀銳尖，輪廓呈極淺五裂，長六至十公分，寬五至八公分，翅果黃褐色，開出角度爲九十度至一百一十度，果梗長一點五公分，翅長約一點八公分，寬約零點八公分。分布於全島中海拔山區，針闊葉混生林尤多見之，如中橫大禹嶺、清境農場、鞍馬山林

青楓又名原氏掌葉槭，葉片形似手掌五裂。（攝影／游丕若）

道、阿里山和關山林區的延平林道沿線等。

5.尖葉槭Acer kawakamii槭樹科

落葉喬木，葉對生，卵形，先端長尾狀尖銳；有時作三淺裂，長七至九公分，寬四至五公分；果翅作鈍角狀展開，長兩公分，竟零點八公分。主要生長在一千五百至兩千五百公尺之間的闊葉林；北部陽明山、五指山、士林、內湖山區可見，陽明山區於五百公尺處即可見，擎天崗到磺嘴山稜線有多量族群生長，陽金公路較高的路段也有其蹤影；而萬溪產業道路海拔約一百五十公尺的地方，可能是本種自然分布的最低點。中部中橫大禹嶺隧道西側也頗爲壯觀。

觀賞的季節一般來說都集中在十一至一月這三個月中，中高海拔山區以十一、十二月爲主，低海拔山區則可延續到隔年一月，但也得視當年氣候而定，寒流來得早，自然楓紅也會形成得早。

推薦賞楓地點：

台北滿月圓森林遊樂區

桃園石門水庫、達觀山森林遊樂區（拉拉山）

新竹石鹿古道

苗栗橫龍古道、馬拉邦山

台中武陵農場、東勢林場

南投奧萬大森林遊樂區

嘉義阿里山森林遊樂區

台南關子嶺紅葉公園

高雄石山秀湖、關山越嶺古道（南橫天池進入）

宜蘭太平山森林遊樂區

尋找台灣紅

自然篇

台灣蘭陽平原的早冬，難得呈現一片晴空萬里；恰合的是畫家友人麗瓊來訪！最近她準備繪畫一系列有關水生植物的生態圖片，而筆者營造的水生植物園，剛好是方便她創作的良好觀察環境。

我們共同探討台灣水生植物的主要色彩有：綠、黃、紫、粉紅及白色；其中的粉紅色彩系列，就成爲我們優先探討的指標方向。

筆者告訴她說：分佈於台灣本島，屬於高等水生植物的種類大約有三百六十種，按照它們的自然生長型態，可區分爲：沉水、挺水、浮葉及飄浮等四大家族；每一類家族成員或多或少都與粉紅色系沾上了邊。

筆者先帶領她觀看沉水植物家族，並說明台灣的沉水植物中，只有水車前這種植物的花朵呈粉紅色，其他種類則都以白色花系爲主。她一面觀看，一面回應說：這種植物的葉片如此翠綠，搭配它那出淤泥而不染的秀麗花朵，堪稱自然傑作！可惜此種美麗的沉水植物，已因爲環境的改變而成爲珍稀種類；目前其野生植群，零星生長在台北縣三芝鄉一帶的少數水田裡。

伴生在一旁的滿江紅，先前還有綠的感覺，但經過這幾天來低溫寒風的吹襲，整個植物體已全然轉紅，這也代表著它們生命的結束；這種飄浮植物的生長周期爲一年生，台灣產有兩種，習性相同。她好奇的問說：飄浮植物與浮葉植物的生長位置都在水面上，爲何兩者不合併歸屬同類；這問題的確也是多數人共同的疑問。

簡單的說明如下：飄浮植物的根莖沒有定著性，植物體常隨著水流四處漂行；而浮葉植物的根莖是定著在泥土裡，只有葉片托出

紅蓼的粉紅花朵成串競放。
（攝影／林春吉）

紅花紫蘇草四季盛開於沼澤地帶。 （攝影／林春吉）

齒葉夜睡蓮的葉緣成鋸齒狀，常在夜間或清晨開花。
（攝影／林春吉）

生長水面；因此，根莖的有無定著性，也就成爲這兩大家族分野的明顯依據。

清楚了水生植物的家族分類依據之後，我們走到水池邊來觀察挺水植物種類。池畔的幾棵紅蓼，生長得壯碩，成串的粉紅花朵，盛開得燦爛非凡；這立刻吸引她的目光，駐足欣賞。麗瓊知道它是一種挺水植物，不過她還是懷疑，好像台灣多數的水生植物種類，都歸類在挺水家族中。的確，分佈在台灣的水生植物中，有三分之二以上的種類，都隸屬於挺水家族，其他家族成員可說是寥寥無幾。

在紅蓼的下方，長了一片小毛氈苔植群，豔紅的葉片色彩喜氣十足。它是一種濕地性食蟲植物，植群主要分佈在台灣北部的山區，知名的產地如：陽明山國家公園及新竹蓮花寺濕地等。她隨即驚訝的說：台灣也有食蟲植物的分佈，而且屬於水生種類！

確實，食蟲植物對於一般人而言，刻板的印象裡都侷限於國外進口的植物品系，如：捕蠅草、食蟲堇、瓶子草、豬籠草、狸藻及毛氈苔等；後面兩大家族亦分佈於台灣，記錄有十二種，且均爲水生或濕地生種類。若要更嚴格來講，應該說：世界多數的食蟲植物都屬於水生家族成員；當然豬籠草類除外；不過，筆者在東南亞地區亦曾發現少數豬籠草屬於濕地生種類；後來查閱相關文獻也證明如此。

爲了釐清許多疑惑，筆者又指著匍匐水面的空心菜繼續解釋說：一般我們見到的水生空心菜，都是綠色植株開著白花，其實那是經過改良的品系，而眞正的野生空心菜，就如眼前所見，植株與花朵都是偏向紫紅色彩。經過一連串的說明之後，友人終於對水

生植物的認識有了初步的瞭解，不過當她看到圓葉節節菜時，還是對眼前的景象疑惑不已。

「它們真的是屬於同一種類植物嗎？」

在剛接觸水生植物領域時，筆者也曾經產生同樣的疑惑：同一種植物居然也能同時生活在水中及陸地，而其水上與水下的葉型卻是差異懸殊；生長在各縣市的植群，它們的沉水葉色彩更見變化，由翠綠、金黃到豔麗的紫紅色彩都有……，說它是水生植物世界裡的魔術師，一點都不為過！

爾後，我專研此領域的植物才慢慢瞭解：其實分佈在台灣的「兩棲性植物」種類還真不少，其中擁有紅顏色沉水葉的種類如：盤線蓼、小箭葉蓼、細葉雀翹、烏蘇里聚藻、水杉菜、卵葉水丁香及水虎尾等。

至於，在挺水植物家族中，有粉紅花系的種類，那可就不勝枚舉了，即使是簡單的舉例，恐怕也必須寫上許多篇幅，更何況認真起來介紹，那編纂一本厚厚的書籍絕不成問題。

不過，筆者還是推薦幾種美麗的紅花體系挺水植物，讓友人一展對水生植物的繪畫功力。荷花無疑是水生植物世界裡，最負盛名的種類；它與睡蓮之間，經常容易讓人們造成混淆。平常我們所說的荷花，台語就叫做：蓮花，而睡蓮又是指另一類的水生植物；前者為挺水成員，後者則歸類浮葉家族。當然，荷花除了綻放討人喜愛的粉紅色花朵外，白花也是其主要的色系。

紅花紫蘇草，聽聞其名，便明確地吻合此粉紅主題了。這種生長在沼澤地的植物，四季開花，豔麗耀眼的紫花就點綴在翠綠的葉叢間，對比鮮明，令人由衷的喜愛。香蓼是所有蓼科植物中，花開最紅豔的一種，植株會釋放一股清幽的香氣，因而得名；南投蓮花池的沼澤區是僅知產地，植群稀少而難得一見。

我們邊走邊認識各類挺水植物的同時，一隻紅擬豹斑蝶掠過眼前，飛往池中的小黃花上駐足，朋友問我那是什麼植物。恰巧我也準備介紹這種浮葉性植物給她認識，那正是睡蓮科植物—台灣萍蓬草。

友人納悶了一下，這種看似與粉紅色彩無關緊要的植物，為何要特別介紹呢？我說它可是台灣特有的國寶級水生植物，植物本身有太多的傳奇故事，而紅色秘密就在它那鮮黃花朵中的柱頭上。

隨即我娓娓道出台灣萍蓬草坎坷的歷程。台灣萍蓬草的分佈限於桃竹境內，最早是記錄於四○年代；爾後數十年間，不曾有任何的採集記錄；直到一九九一年初才又再次被尋獲。這種失而復得的植物，在短短幾年間被發現了十餘個植群；不過同樣時間，生育地也因為開發的關係，野塘一座座被廢土所掩埋，植群馬上又面臨了生存危機。

不僅台灣萍蓬草如此，這些年來，筆者目睹過許多珍稀水生植物遭受人為的環境迫害，而導致植群全數滅絕的例子不在少數。因此，我總會在它們消失之前，將該物種移到筆者培育的水生植物園中，為它們盡些保存種源的心力。身為畫家的她，似乎對此也有所感觸；雖然她沒有能力去保護那些珍貴稀有的水生植物，但卻很樂意用畫筆將這些嬌柔生命勾勒下來；而她這一次的重要使命，便是如何展現那些水澤植物的粉紅倩影！

左上：圓葉節節菜屬兩棲性植物，可以沉水或挺水生長。（攝影／林春吉）
左下：日本滿江紅的葉片如鱗片般重疊生長。（攝影／林春吉）

尋找台灣紅

自然篇

在假日遠離塵囂，追逐風、追逐太陽，是一種福分；如果工作忙，只能偷得浮生半日閒的話，就只好乖乖地窩在再也熟悉不過的城市了。那麼，屬於自然的況味要去哪裡追尋呢？不要忘了，我們所艷羨的陶淵明，他的理想國度「桃花源」，桃紅的顏色，落英繽紛，引人遐想。在闢建有公園、綠地的水泥城市，如果能將眼光停留在接近「桃花之源」的色澤裡，讓心情鮮活起來，這樣，愉悅的感覺也會讓你快樂一整天的。

我住在台中市，冬日的街頭，騎著腳踏車冶遊賞花，九重葛是最常出現的木質藤本了。命好的，被養在庭院或陽台頂樓，擁有自己偌大的棚架；清苦的，就委身在花盆裡了。又稱爲南美紫茉莉的她，彩色苞片和葉子一個模樣兒，基部連生著眞正的白色管狀花，要不這樣喧賓奪主、秀色可餐，怎能引誘昆蟲來採花授粉？

轉進東光綠園道，整排的紅花緬梔，面對寒風吹襲，仍歡顏以對，妍彩的桃紅花瓣，教人忘了欣賞她形似鹿角的象牙白枝條。北屯區的小畝農田，竟種有一大片土肉桂，暈染淡紅的新葉，讓周遭的氛圍一下子喧鬧起來，這時候，千萬不要和卡布奇諾上面的肉桂粉聯想在一起喔！

美術館前的綠園道散落著雅致的餐廳，每家都有風格各異的小庭園；不論是東洋味、歐洲風或是古樸的中國風韻，在這裡，使君子會優優雅雅地攀爬牆垣上頭，然後垂下穗狀花序來，像天邊一朵抹紅的雲彩，勾引你引頸企盼；膝蓋以下的視覺高度，就以枝葉密密麻麻的細葉雪茄花最上鏡頭了，從修剪得整齊劃一線條裡，伸出長筒形艷紅花冠，享受日暖。

紅花玉芙蓉的花與葉。
（攝影／游富永）

九重葛嫩紅的苞片，讓白色花冠有畫龍點睛的效果。（攝影／游富永）

大葉花麒麟有銳利的尖刺。（攝影／游富永）

使君子身段柔軟，花姿曼妙。（攝影／游富永）

艷紫荊，艷名響遍全台，台中市多得是她的芳蹤。生長快速，花量大得驚人，有人認為她俗艷，不如同一個豆科家族的洋紫荊、羊蹄甲來得耐看，但是，假使你從逆光的角度，透視薄薄的花瓣，會有一種被點染的效果，嫵弄秋色，溫暖而熱情，這使我想起了「卡門」。

中興大學旁的健康公園是美人樹的大本營，其中一株體態豐腴的美人樹，每年都為兩旁的商店，增添濃濃的脂粉味。我特別喜愛她緋紅的花朵，塞滿了大大的卵圓形樹冠，彷彿告訴人們說：「我已經幫你們戰勝了空氣污染！」

台灣的氣候十分適合植物生長，配合高超的園藝栽培和改良技術，很多外來觀花植物都在台灣落腳生根，而且博得美名；例如種在豐樂雕塑公園的紅花玉芙蓉，銀亮的葉子，襯托艷紅花朵，想不多看一眼都很難；大葉麒麟花，多刺短小的身子，聚生花壇，特有的蜜腺，在陽光下閃閃發亮，煞是動人。人工湖畔的洋紅風鈴木，落盡了黃葉後，在高低起伏的土丘上花團錦簇，亭亭玉立，搶盡所有遊客的目光。

都市裡也有一些荒廢地，提供錦葵科的野棉花生長，單生的嫣紅花朵，雖然不是一般人所愛的花草，甚至被當作雜草刈除，但是野生的小花小樹，更有順乎天時、地利的自然美感，小小的花朵，就像我們每天的生活，需要小小的幸福，累積以後，就是大大的福氣呢！

你有多久沒有上山看樹、海邊聽濤了？假使沒辦法離開，那麼，不妨走近這些城市化妝師的身邊，感受他們對城市的絕美貢獻！

洛神葵紅色萼片是可食用的部位。（攝影／游富永）

艷紫荊最上面一片紅花瓣，恰似美麗的招牌。（攝影／游富永）

尋找台灣紅

自然篇

觀賞鳳梨

鳳梨台語諧音「旺來」，是春節必備的水果供品，除了吃的鳳梨之外，還有許多漂亮的觀賞鳳梨在年節時分，帶來吉祥運勢旺旺來。其中最搶手的是一柱擎天的「擎天鳳梨」，紅豔的花序如火焰般點燃整年好兆頭；迷你的「火輪鳳梨」讓好運滾滾而來；大小恰好的「鸚鵡鳳梨」最鮮艷，與其他綠葉植物搭配最能突顯。栽培這些觀賞鳳梨有個訣竅，就是土壤千萬不能積水潮濕，否則纖弱的根容易受傷，不時給翠綠的葉片噴噴水，可以在室內更顯容光煥發，觀賞期更持久。

仙客來

多吉祥的名字啊！不論是「福祿壽喜」或是「財神爺」，哪位神仙來到家裡都好。仙客來的花型特殊，上翻的花瓣也像兔子的耳朵，又名兔子花。艷麗的火紅、桃紅、粉紅色的花朵有著如絹絨般的高貴質感，花朵密集開在盆栽中心位置，也像一盆熊熊燃燒的火燄，讓今年運勢大發。栽培照顧上要注意仙客來原本生長在乾燥的地方，所以花朵葉片都忌潮濕，澆水要直接澆到土中，以免漂亮的花朵葉片受損。

麗格秋海棠

雍容華貴的花色花型，讓麗格秋海棠在歐美國家是從秋到春季，室內不可缺少的盆花。花型有豪華如玫瑰的，有邊緣缺刻像康乃馨的，變化多端。花色從嫩黃、粉紅、乳

仙客來花瓣反捲朝上，有如直豎的兔耳朵。（攝影／陳坤燦）

白到熱情的火紅、嬌艷的桃紅都有，繁花似錦花朵多是她最大的特色。觀賞期間可以擺放在室內靠窗的明亮處，等到盆土表面乾躁時才澆水。造型豪華豐盛的麗格秋海棠，單擺就很美，如果多買幾盆成列放在陽台、窗檯上，保證讓訪客驚訝連連，讚嘆不已。

長壽花

花名長壽，是因爲好種易栽，花期長長久久。葉片厚厚硬硬的，耐旱性超強，所以栽培很容易，只要適時澆些水就行了。可以抵抗夏季的強光與乾燥炎熱。火紅的朱紅色是他的主色，不論是陽台盆栽或在庭院密植做花壇，都會帶來暖洋洋的熱情感受，尤其當做送給長輩的花禮，祝福的心意滿點又不會帶來照顧上的困擾。別忘記觀賞後要種在陽台曬太陽，明年才會再開花。

萬兩

不要說萬兩這個名字太俗了，這是其來有自的。中藥裡有種植物叫「百兩金」又名「朱砂根」，長在野地裡會結兩三粒紅豔豔的小果實。而他從日本來的兄弟，滿樹粒粒珠圓玉潤，顆顆晶瑩剔透的紅果實，漂亮不止千萬倍，所以得到「萬兩」的封號。他有非常耐陰的習性，所以在室內可以擺上一段時間，在大樓中庭或陽光不足的陽台也可以長得很好。有人將他與黃金葛組合種植，名字加在一起就成了「黃金萬兩」，這樣的盆栽家家都值得擺上一盆吧！尤其是開店做生意擺在店頭，保證財源滾滾而來。

紅竹

傳統上我們一到過年，廳堂供桌上的花瓶裏，一定要插些應景的花卉，讓新的一年「有花則發」。而這些花材中，觀賞期最耐久的要算是紅竹了，通常到年後要整理時才發現她們已經長根了，這時將她們上盆種植，就是現成的盆栽，甚至明年只要剪自家種的就行了。紅竹又名朱蕉，冬季長著桃紅色半透明的新葉，夏威夷的毛利人喜歡用扦插的方式，將紅竹插在村落房舍四周當作籬笆，

萬兩具有財源滾滾的意涵，深受商家喜愛。
（攝影／陳坤燦）

他們認為艷麗的葉片可以驅邪避凶帶來幸運，所以這類植物又有〝Lucky Plants〞幸運樹的稱號。

聖誕紅

火紅的聖誕紅花期，在聖誕節到過年這段時間是最旺的季節。品質好、品項多，觀賞期又長。少有人不買幾盆來應景，享受紅通通的喜氣的。今年最流行的品種是花苞捲曲像玫瑰花的「玫瑰聖誕」，她的花型特殊，更難能可貴的是她的觀賞期也最持久，因為葉片與苞片都比其他聖誕紅厚實，除了盆栽之外，用來插花也很理想。聖誕紅喜好通風明亮的環境，所以要擺放在窗檯或陽台、庭院處，澆水可觀察葉片略為下垂才澆水，這樣盆盆都能為家裡，帶來長長久久喜氣洋溢的氣氛。

蝴蝶蘭

台灣是國際知名的「蝴蝶蘭王國」，栽培技術之高與品種的豐富度，是其他國家難以項背的。蝴蝶蘭在優美的花序曲線上，開放豐潤圓滿的花朵，像各色彩蝶翩翩飛舞，所以有「幸福翩然而至」的吉祥寓義。花色有粉紅色、桃紅色、白花紅心等，還有斑點、線條、腮紅等色彩變化。今年還流行迷你的「滿天紅」等鮮紅色多花品種，具有花期更持久、色彩更濃艷的特色。栽培蝴蝶蘭的秘訣是擺放在明亮通風的位置，避免空調暖氣直接吹拂花朵，他的根喜好空氣，非常怕積水，所以盆栽組合的蝴蝶蘭，在室內大約一星期到十天澆一次水就行了。

鳳梨因與閩南語「旺來」諧音，成為年節必備供品。（攝影／陳坤燦）

玫瑰聖誕紅因花苞形似玫瑰花而得名。（攝影／陳坤燦）

國家圖書館出版品預行編目資料

尋找臺灣紅 / 張瓊慧主編. -- 臺北市 : 文建會, 2004[民93]
面 ; 公分

ISBN 957-01-6533-2(精裝)

1. 生物 - 臺灣 2. 臺灣 - 人文

673.24 93000700

尋■找■台■灣■紅

發 行 人：陳郁秀
出 版 者：行政院文化建設委員會
總 策 劃：張瓏、黃武忠
策劃執行：方瓊瑤、吳麗珠、黃千庭
劃撥帳戶：行政院文化建設委員會員工消費合作社
劃撥帳號：10094363
網路書店網址：http://books.cca.gov.tw

主題規劃：中國時報企劃開發中心
編製出版：時廣企業有限公司生活美學館
執行主編：張瓊慧
藝術指導：李瑩儒
文稿主編：王曉鈴
執行編輯：林霖瑋、楊晉一
美術編輯：蔡家宇
行銷推廣：李劍慈、游淑君
讀者專線：0800-686-688
地　　址：108台北市大理街132號
傳　　真：(02)2304-5148
代理經銷：時報文化出版企業股份有限公司
地　　址：235台北縣中和市連城路134巷16號
電　　話：(02)2306-6842
製版印刷：五洲彩色製版印刷股份有限公司

初　　版：2004年1月
定　　價：新台幣450元
ISBN：957-01-6533-2

法律顧問：蕭雄淋律師